切割式营销

乐庆辉◎著

中国财富出版社

图书在版编目（CIP）数据

切割式营销 / 乐庆辉著．—北京：中国财富出版社，2013.5
ISBN 978－7－5047－4655－9

Ⅰ.①切…　Ⅱ.①乐…　Ⅲ.①企业管理—市场营销学　Ⅳ.①F274

中国版本图书馆 CIP 数据核字（2013）第 075567 号

策划编辑	黄　华	责任印制	方朋远
责任编辑	丰　虹	责任校对	杨小静

出版发行	中国财富出版社（原中国物资出版社）		
社　　址	北京市丰台区南四环西路 188 号 5 区 20 楼	邮政编码	100070
电　　话	010－52227568（发行部）		010－52227588 转 307（总编室）
	010－68589540（读者服务部）		010－52227588 转 305（质检部）
网　　址	http：//www.cfpress.com.cn		
经　　销	新华书店		
印　　刷	北京京都六环印刷厂		
书　　号	ISBN 978－7－5047－4655－9/F·1932		
开　　本	710mm×1000mm　1/16	版　　次	2013 年 5 月第 1 版
印　　张	14.75	印　　次	2013 年 5 月第 1 次印刷
字　　数	227 千字	定　　价	32.00 元

前言

《孙子兵法》云："求其上，得其中；求其中，得其下；求其下，必败。"《孙子兵法》又云："上下同欲，必胜。"人性中有个共性，即"追求快乐，逃避痛苦"。因此，达成营销最高境界是："通过人性转换，提升价值到价值观，达成价格同欲的一个过程。"比如，国家营销，即是通过了解世界，展示国家综合的人文思想、历史风貌等来提升国家形象，达到让世界了解的过程。企业营销也当如此，即通过了解社会，展示企业文化、精神、使命与责任来提升企业在社会中的形象，达到政府谅解与包容、民众喜爱、社会认同的目的。销售，可以通过各种手段，把任何产品卖给任何人。但是，营销却万万不可以这样做，至少，假冒、伪劣及损害消费者利益的商品卖不出去。

营销是一门艺术，通过目标转移、情绪转移形成一个人性的、系统的可以贩卖的品牌。简单说："营销就是以达成'和谐'为最终目的的一种手段。"只有"商品与人，人与企业，企业与社会，社会与人"达成一个高度的和谐，在这个酒香也怕巷子深的时代，就没有销不出去的好产品。

切割式营销，即是在这种定义下横空出世。切割式营销，其精义是："以符合政治、经济、人文思想、自然规律的企业文化，主动融入民众与社会之中，达成谅解、包容、喜爱与认同为目的的营销。"切割式营销主要表现在为什么切？如何切？怎样切？切成什么？等等，就好比七巧板："它是为了锻炼和提升孩子逻辑思维的工具，形成这种工具之前，先要选好材料，通过打磨、抛光、画图来为切割做好准备。根据孩子的特性，在画图之前就应避免尖锐容易受伤害的棱角出现以及过细的容易被孩子误吞下去的图形出现。只有这样符合人性，且有助于人性的商品，才可以通过营销手段达成购买。”就像一颗钻石，再也不是这颗钻石摆在地摊卖成玻璃价，而是摆在珠宝店卖成钻石价的时代了。如果，一颗钻石没有切割好，没有在切割工艺和细微上下足功夫，没有赋予诸如“八心八箭、十分思恋……”内涵，即使摆在再豪华的珠宝店也无人问津。

切割式营销，在精细化管理的基础上，力求一次把事情做对。切割是为了更好的组合与应用，从而切要切得准，割要割得彻底，否则，便失去了切割的意义，也就不是“切割式营销”了。作为一本融政治、经济、管理、营销、人文艺术为一体，倾注了二十多年心血整理出来的更具实战与操作性的营销心得，难免还有很多纰漏之处，敬请大家指点！

乐庆辉

2013年3月写于温州

目录
CONTENTS

第一篇

切割式营销精义

第一章　定位在营销战中的运用——切割式营销

切割式营销的定义

切割式营销就是指站在竞争者的角度，对复杂的市场情况进行区别性切割，以找到一个能让消费者接受的区域，让消费者在最短时间内认同与接受我们，从而有效规避与强大竞争对手发生的直接竞争，同时有效地将竞争对手逼向一侧，巧妙地改变与竞争对手之间的强弱力量对比，实现以小博大、以弱胜强的目的。

切割式营销的分类

一、切割式营销——将同样的产品卖出不同

（一）先进行市场调研

只有通过市场一线调研，倾听消费者的声音和他们的需求，才能发现产品真正吸引消费者的地方。站得高可以看得远，但看不清楚，需要找到基本的着手点加以解决。

消费者的需要是促使其产生购买行为的前提，因此，了解消费者的需要，是企业营销活动的起点，而满足消费者的需要，则是企业营销活动的根本目标。正像管理大师彼得·德鲁克所说：“企业要想获得最大利润，需要去预期和满足消费者的需求。”

市场调研的信息只有两种是有价值的：一种是别人还不知道，你提前

知道；另外一种是别人都知道的信息，你分析出结论来。

首先，由于信息是一种经验商品，其价值只在使用后才被揭示。我们假定信息有一标准价值，但是由于每个人的经历、经验不同，必然会对信息价值的判断出现较大的差异。所以，信息的标准价值就不是唯一的。换句话说就是所谓的“标准”已经变得“不标准”了，这样反过来就发现标准价值的假定是有问题的。

其次，由于信息的再生产主要是通过复制完成，因此信息的费用和其价值的产生都不与这种产品的数量有关。在决策制定上，信息是其他商品的决策的一种工具或输入产品，因此信息有较强的间接效用，故直接就进行信息的实际价值的测量是不适当的。测量信息实际价值的方法是依据对过去经济发展情形进行分析。所以，信息的价值既不可能是标准价值，也不可能用实际价值来衡量。信息价值是人们对信息的一种感觉价值，是一种主观价值。

（二）切割从产品着手

消费者选择产品有理性和感性两方面，通过感性内涵激活产品，使产品具备被接受的基本支撑点。

在市场营销中我们要对“产品”的概念重新认识，只有营销人充分认识和理解了产品的真谛，才会在营销实战中做出创新的举措，从而不断推动营销业绩的提升。我们知道，物理学中讲的“产品”是一个具体的物体，但是在市场营销中我们对产品的理解则更丰富。市场营销的立足点是研究如何满足顾客的需要，从满足顾客需要的角度来认识产品，就会使“产品”的概念得到一定程度的扩展和延伸。

因为在人们对产品的需要、选择、购买和使用过程中，“需求”的内涵会不断扩大。比如，一个家庭需要一台洗衣机，以解脱人工洗衣费时、费力之苦，但市场上有各种各样的洗衣机，人们在选择时又会考虑到洗衣机的外观、色彩、体积、价格、功能、省电情况、售后服务等。也就是说，人们对于产品的需要是不断延伸和拓展的。所以，企业在产品的设计和开发时，就必须要考虑这些因素。

（三）营销的较量

营销的较量不是产品与产品之间的较量，而是产品在消费者心目中感知的较量。

消费者心理和精神需要的内容之一是社会象征性需要，也就是人们的一种认识自我，表达自我并且期待得到他人和社会肯定的需要。这种需要根据表达对象的不同又可以分为两种。

（1）自我个性的表现。每个人内心深处都对自己有一个定位，也就是自我形象。比如，有的人认为自己大胆时尚，是引领时代潮流的领先者；有的人则认为自己沉稳审慎，有独立见解，不随波逐流；还有的人认为自己品位高雅，与众不同等。正是由于诸如此类的自我描述，使得消费者在购买商品时，总是寻求那些能表现自我形象的商品。例如，乘坐奔驰可以表现主人的庄重和成功；佩戴斯沃琪（Swatch）手表则可以突显主人对潮流的敏感。

（2）自我价值的实现。自我价值的实现是指消费者通过购买和使用商品，向外界表达自我、证明自我的价值。“野马”汽车最初是为追求刺激的青年人开发的一款车型，但是上市后，有很多老年人争相购买。公司调查发现，这些老年人希望驾驶“野马”车表现自己仍然年轻而富有活力，以及在社会中的作用。吸烟的人相信能够通过不同的香烟品牌来传达自己的某些想法和追求。

品牌的象征意义是这两种需要实现的基础，它是指在消费者心目中，品牌所代表的与特定形象、身份、品位相联系的意义和内涵。在这里，品牌不再是一种符号、图形，而是一种精神、意义的载体。品牌可以体现消费者的文化、知识水平、生活方式、消费习惯、社会地位、名气声誉等。一定意义上，品牌象征是商品品牌赋予消费者表达自我的一种手段。

（四）运作策略

1. 产品名称

名称是消费者了解陌生事物的一个通道，名称和内容是一体的，名称是文化的一部分。营销从产品名称开始。用名称将产品核心的内涵和优点激发出来，使消费者快速认知。与切割方向一致的名字、好名字能让产品自己走路。

2. 产品包装

包装存在的几个问题：苍白不营销、科学不营销、美丽不营销、烦琐不营销、模糊不营销。好的包装要和产品以及接触的目标人群对接。包装的视觉冲击力很重要，往往消费者第一眼看中的东西最想买。如色彩反差很大的颜色（如大红、大绿）进行包装设计，对消费者视觉冲击力最强。

3. 产品广告

与切割方向一致，把产品的卖点用消费者容易理解的语言和画面表现出来的广告才是好广告。好的广告做法：强化卖点，跟资源相匹配。广告运作先做数学题，再做作文题。说什么比怎么说更重要。

二、类别切割——规避强者的以弱击强

（1）对手极其强大怎么办：不管你拿到的牌多么糟糕，一定存在基于现实条件基础上的解决方案。

（2）营销就要把技术的语言市场化，变成通俗易懂的语言。

（3）品类切割，努力将市场一分为二，从消费者心智的角度对产品进行切割分类，让消费者保护我们，同时规避竞争对手正面阻击，找出规避竞争的办法，逼对手让出一条通道，获得难得的成长空间和时间。

（4）以小博大两个基本前提：让竞争对手找不到我、找到一个被消费者接受的方法。

（5）规避强势品牌的围追堵截，做小池塘里的大鱼，不做大池塘中的小鱼，成为未来品类的领导者。

三、市场切割——实现强弱关系的迅速转换

（一）中国市场的特征

庞大的人口基数、市场容量大、混乱中高速成长、绵延不断的山头（中心城市、二级城市、县级城市、农村城市）。

（二）几种市场布局的方式

（1）中心城市突破式（需要强大的资金和费用支持，跨国企业策略）；

（2）农村包围城市式（费用较低，但利润少）；

（3）重点市场集中运作式（集中资源重点做几个市场）；

（4）拉腰阶段式（仅做一类市场，如县级市场，没有强势品牌，可规避强势竞争）。

（三）切割市场

用有限的资源达成强弱关系的迅速转换，把产品、概念市场聚焦，集中优势兵力、改变力量对比，选择对于企业竞争成本最低的市场进行运营。

（四）规划出不同功能的产品

品牌产品（概念产品）、竞争性产品（物美价廉）、利润产品（高档），如红星奶粉产品线设计、集中几个局部市场，如牙依牙膏，以县级城市切割市场，卖点：牙齿、牙龈同步健康。

四、人群切割——提升有效投入的途径

（一）目前广告投放存在的问题

（1）没有对目标人群进行清晰的切割；

（2）没有诉求/独特诉求；

（3）在非目标人群上花钱（如女式内衣在武打片中放广告）；

（4）与目标人群背离。

（二）人群或客户群切割，将有限的资源指向目标人群，提升有效投入

如仙人掌饮料：精神联想男子汉精神，男人的饮品，诉求对象：20～35岁的男人，结合起来就是男子汉生态饮料。产品名称：大饮生态饮料，广告卖点：喝大饮、好男人不上火。百事可乐：新生代的饮料。

（三）考虑目标人群基本的生活特征

信息传递、服务重点要有明确的目标指向，要有针对性地进行宣传和包装手段。传播的信息里，产品要充当主角，明星和其他都要充当配角。

五、品牌切割——激发感性力量，创造隐性价值

质量有保证是品牌营销的首要前提，只有质量有所保证才能得到消费者的认可。品牌建立在有形产品和无形服务的基础上。有形产品通常是指产品的包装、设计以及富有象征吸引力的名称等。而服务是在销售过程当中或售后服务中给顾客留下的印象、满意的感觉。现在的消费提倡买得开心，用得放心。

综观现代市场形势，以现在的技术手段推广来看，目前市场上的产品质量其实已难分伯仲，作为消费者而言，往往更在意商家所能提供的服务多寡和效果如何。从长期竞争来看，建立品牌营销是企业长期发展的必要途径。

那么，如何才能很好地树立自己的品牌呢？不妨从以下几点着手：

第一，分析行业环境，寻找区隔概念。从分析你的竞争者开始，弄清他们在消费者心中的大概位置，以及他们的优势和弱点。找准一个基点，使自己与竞争者有所区分。

第二，卓越的品质支持。要做到这一条必须以质量为根本树立形象。这里的质量是一个综合性品质的概念，包括工程质量、文化质量，还有物业管理质量等。

第三，整合、持续的传播与应用。企业要靠传播才能将品牌植入每一位消费者的心中，并在应用中形成自己的特色。企业要在每一方面的传播活动中，千方百计、竭尽所能地体现出品牌的概念。

世界著名广告大师大卫·奥格威就品牌曾作过这样的解释：“品牌是一种错综复杂的象征，它是品牌属性、名称、包装、价格、历史声誉、广告方式的无形总和。它同时也因消费者对其使用的印象，以及自身的经验而有所界定。”

（一）品牌切割

赋予品牌以独特的内涵，予以足够的统一形式表达，从而使品牌与众不同。激发感性力量，创造隐性价值。

（二）消费者接触的品牌元素

一个标识、一个内涵、一个故事、一句承诺、一致连贯有内涵才是真正意义上的品牌力。

（三）品牌力来源

（1）服务：文化的力量是无坚不摧的（海尔的真诚到永远）。

（2）感性上的优点：感觉是主人，事实是奴仆（农夫山泉有点甜）。

（3）规则的统一：将矛盾的两极平衡。

（4）划定领域：将对手逼向一侧（如体饮平衡饮料）。

（5）身份和自我表现：激发性格的力量（如大饮、万宝路）。

（6）情感和爱：激发爱、同情、友谊的力量（如小洋人妙恋：初恋般的感觉）。

切割法与细分法之比较

在切割营销理论里，最精髓的理论就是品类切割法。所谓品类切割，就是从竞争的角度出发，在消费者心智中强力划出能被其接受，同时规避竞争对手的新品类，赢得难得的成长空间和时间。这就是资源弱势的一方面对强大竞争对手的最有效的竞争方式。

在原来的一个品类里，重新划分出一个新品类，这个新品类一旦赢得成长的空间和时间，就能成长为一个新品类，就能对原品类形成有效的切割。

但是需要注意的是，“切割”跟“细分”的概念不可混淆。

“切割”跟“细分”的不同就在于：“切割”原品类，未必要培养划分出的新品类，“切割”的精髓，就在那“切”的一刀里，那一“切”足以促进销售。如果再去培养切割出的新品类，就成了“细分”法。

“切割”法，并没有脱离原品类，如果脱离原品类，而自立门户，则成了我们叙述过的第一类——开创新品类，如果没有脱离原品类，而区隔性太强。

这种分化法保留在一“切”上。最关键的是：切过之后，让别人无法再切！如果能继续“切”下去，则成了“细分”法。另外，“切分”法又可分为“切实”和“切空”两种形式。“切实”就是对现已存在的市场切割出来获取现成的利益，“切空”则是跟以往的产品划清界限，把希望投注到未来。

切分法的特点如下：

切分法是二元论者，采用切分法切完之后，一般都无法再切，“细分法”则可以无限细分。

切分法总是以“非”和“不”这样的否定句方式描述，例如：非可乐、非油炸、不伤手、不含 PPA，意在把事物一刀两断，分成两类，成就自己的50%机会。

切分法的诀窍在“切”的过程里，而非在“切”后的培养。“细分法”则需要在切割后划出独立的空间培养。

第二章　产品品牌发展中的切割定位

产品品牌定位的定义

产品品牌定位（Brand Position），是指产品品牌主所设想的产品品牌在目标消费者心目中独特的位置。例如，国际资本市场上的巨头都有自己的定位：美林证券的定位是“全能的投资银行”，并以资产管理业务为特色；高盛的定位是“卓越的投资银行家”，并以投资业务特别是购并业务为特色。

产品品牌定位实质上就是推出产品品牌主所期望的产品品牌形象，或目标形象，目的是让产品品牌在消费者心目中的实际形象与产品品牌主期望的形象相吻合，或者说，让消费者对产品品牌主的目标形象产生共鸣。正如美国研究产品品牌定位的专家赖斯和特劳特所指出的，产品品牌定位就是推出你所期望的产品品牌形象。如果说实际的产品品牌形象的建立是消费者心理活动的结果，那么推出所期望的产品品牌形象就是为了对消费者心理进行引导和控制。因此，产品品牌定位更是一个动词（Brand Positioning），是产品品牌主一种引导和控制消费者心理的营销行为。

产品品牌定位可以通过定位声明、广告语和标语口号等加以传达。定位声明（Positioning Statement）主要包括4项内容（即4B），下面以一家提供网络自动收银系统的产品品牌商的定位声明为例：

业务范围（Business）。定位声明要指出产品品牌所从事的业务及其范围。如该产品品牌商指出，业务范围是提供网络自动收银系统。

基本功能（Basic function）。定位声明要指出产品品牌产品的基本功能。如该产品品牌商指出该系统的基本功能是自动收银。

有更好的效用（Better）。定位声明要指出产品品牌产品有更好的效用。如该产品品牌商指出该系统能更迅速地完成收银任务。

产品品牌本身（Brand）。定位声明要提及产品品牌（名称）本身。

产品品牌定位与产品品牌的市场占有率之间有一定的联系。产品品牌在消费者心目中的位置越独特，就可能越有市场独占性，其市场占有率就越大。反之亦然。市场占有率大的产品品牌通常拥有独占性的优势，而这种独占性优势可能通过在消费者心目中独特的定位体现出来。

科特勒指出，产品品牌定位有以下几种失误：

（1）定位缺乏吸引力。例如，百事可乐公司曾经推出过一种“无色透明”的可乐，但消费者未接受“无色透明”的定位，因为他们认为“无色透明”没有给自己带来什么好处。

（2）定位过高。例如，美国泰万尼钻石戒指过去在消费者心目中的定位过高，要卖5000美元，事实上现在能被消费者接受的定位只有900美元。

（3）定位混乱。经常改变定位的产品品牌容易造成定位混乱。美国一种NeXT电脑，一会儿定位于学生，一会儿定位于工程技术人员，一会儿又定位于商务人员，结果都不成功。

（4）定位过于表面。例如，通用汽车的卡迪莱克分公司推出一种叫cimairond的豪华轿车，试图与宝马、梅塞德斯和奥迪竞争。这种轿车采用真皮座椅，有行李架，大量镀铬和带有卡迪莱克标志，消费者认为这种车只是外表漂亮但不实用。这里，这种豪华轿车的定位过于看重外观，而忽视了消费者更关心的内在性能和质量。

产品品牌定位的维度

产品品牌定位的维度，是指用以描述消费者心理空间的坐标（变量），或者说，消费者用以评价产品品牌的尺度。例如，美林证券的定位是“全能的投资银行”，这里，各类投资方向或领域是产品品牌定位的维度，“全能”表示美林在所有的领域都有投资服务的能力。又如，天美时手表的产品品牌定位是“物美价廉”，这里，质量、性能（描述物美）和价格（描述廉价）是天美时产品品牌定位的 3 个维度。

产品品牌定位的狭义维度包括产品使用性能（功能）、质量、包装、服务（售前咨询和售后维修）、价格（成本）、购买便利性（零售环境）等。例如，美国电脑产品品牌定位常用的维度是系统可靠性、软件可扩展性、提供培训的质量、技术服务的质量、销售演示的质量、用户接受程度、程序语言的功效、系统转换的便利性、售后服务、存储性能、价格灵活性和性价比等。这些维度可以构成一个多维的电脑产品品牌定位空间，某一个电脑产品品牌的定位由多维坐标加以确定。

产品品牌定位的广义维度还包括消费心理、产品品牌文化等方面的评价标准。例如，一项调研对 19 个产品品牌进行了定位，定位的维度是可信任程度、自信心、真诚性、行业领导能力、优胜能力、刺激性、时尚性、传统性、陈旧性和务实性等（见下图）。这里，定位的维度是消费心理、产品品牌文化方面的评价尺度。

用产品品牌定位维度作坐标轴（向量），可以绘制一维或多维的消费者心理空间图，即产品品牌定位图，也常称消费者认知—偏好图。下图是一张 10 维的产品品牌定位图，它由 10 根坐标轴组成。每根坐标轴代表一个定位维度，其箭头所指是维度变量取值高的方向，箭头反方向是取值低的方向。两根坐标轴之间的夹角取决于相应维度之间的相关程度。在下图中，有 17 个产品品牌的定位点。每个产品品牌的定位点由 10 个坐标构成，每个坐标是定位点在相应坐标轴上的正投影点的数值（负值表示取值较低）。

产品品牌定位的要素包括目标市场、消费者心理、竞争环境、产品品牌独特性等。

（一）目标市场

产品品牌定位的一个要素是确定目标市场或目标消费者。产品品牌定位是产品品牌被预设在目标消费者心理空间的位置。只有选定目标消费者，并由此确定定位空间，才谈得上产品品牌定位。

例如，一项调研表明，美国牙膏市场有 4 个主要的细分市场：追求香

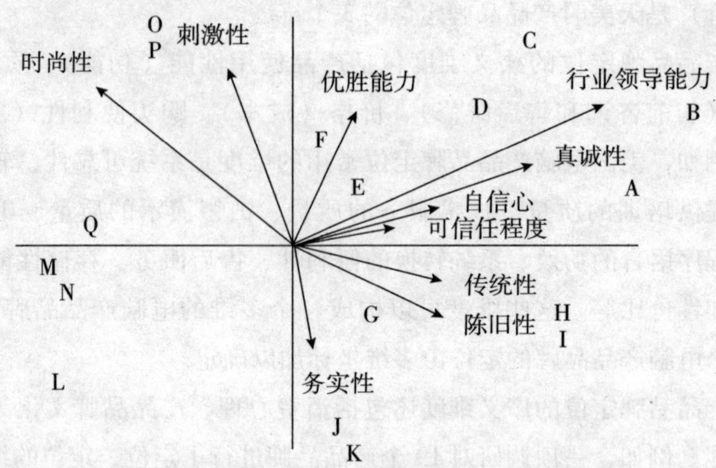

A：AT&T B：百威啤酒 C：麦当劳 D：美洲航空 E：联合航空 F：米勒啤酒 G：假日旅馆 H：金宝汤 I：麦式咖啡 J：温迪快餐 K：立顿汤 L：大陆航空 M：斯普林特电信 N：科斯啤酒 O：希尔顿饭店 P：马里奥特饭店 Q：MCI电信

产品品牌定位的要素

味和外观的用户、追求牙齿洁白效果的用户、追求防蛀效果的用户和追求低价的用户。佳洁士牙膏的产品品牌定位以追求防蛀的用户为目标市场，而 Close－Up 牙膏的产品品牌定位以追求香味和外观的用户及追求牙齿洁白效果的用户为目标市场。

又如，美国钟表公司通过市场调查，把美国手表市场分为 3 个子市场：想买价格低廉、能够计时的手表的消费者，占美国手表市场的 23%；想买价格适中，计时准确且耐用的手表的消费者，占 46%；想买各种名贵手表、追求其象征性价值的消费者，占 31%。美国其他著名的钟表公司将这 3 个子市场都作为目标市场，而美国钟表公司则选择前两个子市场作为目标市场。由于目标市场明确，美国钟表公司将天美时手表的产品品牌定位于“物美价廉”的形象，通过大力促销赢得了目标消费者的厚爱，取得了产品品牌定位的成功。

而一些产品品牌定位的失误，就在于目标市场选择的失误。例如，圣达牌中华鳖精是有益于中老年人的保健品，其产品品牌进入市场较早。而在早期保健品市场上，针对中老年人的为数不多，知名产品品牌更没有。那时，如果圣达牌中华鳖精能在中老年人心目中树立起产品品牌形象，就能收到良好的效果。但圣达把自己的目标市场定在了儿童这个消费群，并在产品品牌的诉求上直接与当时实力强大的娃哈哈相对抗，因而失去了在中老年人市场做“老大”的机会。

由于产品品牌定位与目标市场的确定关系密切，在操作上往往同时进行，因此，容易将这两个概念混同起来，即容易将目标市场的确定等同于产品品牌定位，这是一种误解。确定目标市场是产品品牌定位的必要条件，但不是充分条件，因为同在目标市场的产品品牌通常不止一个，某一产品品牌进入某一目标市场，不等于完成了产品品牌定位，还需要进一步确定自己在产品品牌利益、独特性、品种和竞争优势等要素上给目标消费者留下的目标印象。

（二）消费者心理

消费者心理是产品品牌定位的一个要素，因为产品品牌定位是预设产品品牌在目标消费者心理空间的位置，只有了解目标消费者的心理，才能建立他们的心理空间；而只有建立心理空间，才能进行产品品牌定位；建立消费者的心理空间，就是确定与消费者认知、动机和态度有关的定位维度（定位坐标轴）。因此，了解目标消费者现在的和潜在的认知、动机、态度，选择与此相关的、恰当的定位维度，是产品品牌定位的一个关键。

例如，燕京啤酒的产品品牌定位强调安全（无污染矿泉水）、营养（含锶量丰富）和氛围（京城的华贵），这里，3 个定位维度——安全、营养和氛围，来自北京啤酒消费者的心理：对食品安全和营养的较高需要，以及北京人好客和讲气派的心理。燕京啤酒这样的产品品牌定位有很强的消费者心理针对性，对北京消费者（目标市场）有较大的吸引力。

又如，“商务通”掌上电脑推出时并不顺利，因为消费者对掌上电脑的认知有问题，即消费者对掌上电脑是什么不清楚。“商务通”针对消费者的认知心理，在宣传广告中提出了“手机、呼机、商务通一个都不能少”的产品品牌定位，巧妙地把商务通与消费者熟知的手机、呼机联系在一起，让消费者一下子就明白了商务通的产品品牌定位。商务通产品品牌定位的成功，关键在于了解了消费者的认知心理。

还如，统一公司推出的果汁产品品牌鲜橙多的定位，针对消费者的动机（需求）心理。鲜橙多在广告里的定位口号是“多 C 多漂亮”，诉求点是“维生素 C”和“漂亮”，这两点正是抓住了目标消费者（年轻时尚女性）的心理：追求健康和漂亮。

（三）竞争环境

分析竞争环境是产品品牌定位的一个要素，因为进入目标消费者心理空间的产品品牌通常不止一个，产品品牌与其竞争对手的定位之间是相互影响的，因此，产品品牌定位要分析竞争环境和了解对手的定位。分析竞争环境，就是选择一组竞争维度，比较产品品牌与其对手在每一个竞争维度上的优势或劣势，由此选择较能体现该产品品牌优势的竞争维度，再从中选出最重要的竞争维度作为定位维度。

例如，产品品牌 A 的竞争对手是产品品牌 B。现选择技术、成本、质量和服务作为比较两个产品品牌的 4 个竞争维度。经过市场调研发现，在技术上，产品品牌 A 与产品品牌 B 旗鼓相当；在成本上，产品品牌 A 处于弱势；在质量和服务上，产品品牌 A 处于优势。由此选择质量和服务作为产品品牌 A 候选的定位维度。再通过调研了解到，产品品牌 B 在质量上具有较强的改进能力，而在服务上改进的能力较弱，改进的可能性较小。据此，最终应确定服务作为产品品牌 A 的定位维度，即产品品牌 A 应定位于服务优势。

（四）产品品牌独特性

产品品牌独特性或产品品牌差异化也是产品品牌定位的一个要素，这也是由产品品牌在目标市场的竞争所决定的。产品品牌定位是预设产品品牌在消费者心理空间的独特的位置，独特的位置就是产品品牌区别于其他对手的有特色或有差异的位置。产品品牌的特色定位或差异化定位，是产品品牌定位的一个关键。例如，湖北红桃 K 集团在产品品牌定位时发现：在贫血者市场上，大多厂家在满足市场需求时多以传统中医的气血理论为依据，强调采用一些中药材进行补血，这些产品符合传统型消费者对补血用药的需求。红桃K摈弃了同类产品“补血”的叫法，第一次使用了“生血剂”一词，变被动补血为主动生血，突出了产品高效的形象，营造了自己的产品品牌优势，找到了独特的产品品牌定位。

广告专家在20世纪50年代提出广告要有“独特的卖点”（Unique Sales Point，USP），这个理念可以用于产品品牌定位，叫做产品品牌的USP定位，就是产品品牌定位要突出和诉求自己的独特性。

产品品牌定位的策略

专家从多个角度研究了产品品牌定位的策略，其中有代表性的有赖斯和特劳特的定位策略以及科特勒的定位策略：

一、赖斯和特劳特定位策略

赖斯和特劳特从广告传播的角度提出以下4种产品品牌定位的策略：

（一）强化现有定位

例如，美国艾维斯公司在汽车出租业排名第二，它在广告中强调“我们是老二，我们更加努力”。这是对现有产品品牌定位的一种强化。又如，其在消费者心目中的定位是一种非可乐饮料，其在产品品牌广告中强调七喜是“非可乐”，这也是对现有产品品牌定位的一种强化。强化产品品牌现有的定位，可以加深消费者对产品品牌的印象，增强他们的购买信心。

（二）注意对手疏忽的定位

例如，美国三枪巧克力在广告里宣称，其脂肪含量比一般巧克力低45%。这里，脂肪含量是美国消费者关心而一般巧克力厂商所忽视的一项定位维度。又如，美国纽约的大银行处理贷款业务的速度都比较慢，纽约泽西联合银行注意到这一点，推出“业务快速的银行”的产品品牌定位，以吸引贷款客户。

（三）再定位

例如，多数餐具购买者误以为美国的两个餐具产品品牌Lenox和Royal

Doulton 都产自英国，为此，Royal Doulton 在广告里宣称：只有自己才是英国产的，而 Lenox 产自美国的新泽西。这是产品品牌的再定位。通过再定位可以澄清消费者模糊的产品品牌认识。又如，李维斯牛仔服曾一度延伸产品品牌，将自身品牌用于休闲裤、上班族西裤等新的产品线。但这样的延伸模糊了消费者对李维斯产品品牌的印象，使他们弄不清李维斯究竟是一家什么样的公司。李维斯决定进行产品品牌的再定位，集中力量生产李维斯牛仔裤，而对休闲裤等新产品采用新产品品牌。结果，李维斯的牛仔裤和休闲裤都非常畅销。

(四) 集团式定位

例如，美国克莱斯勒汽车宣称一个由 3 大汽车厂商组成的集团，而自己是成员之一（另两家是通用汽车和福特汽车）。这里，克莱斯勒通过集团，暗示自己在美国汽车市场顶尖的地位。又如，美国 Michclob 啤酒在广告里声称："Michclob 是头等啤酒。"这个定位非常成功，短短几年里，Michclob 成为美国销量最大的啤酒产品品牌之一，而且销价较高。这里，推出一个"头等"啤酒的概念很重要，事实上，属于"头等"的啤酒产品品牌不止一个，但 Michclob 明确提出了这个"头等啤酒"概念，因而使消费者印象特别深。

二、科特勒定位策略

科特勒从营销管理的角度提出以下产品品牌定位的策略：

(一) 特征定位

特征定位就是利用产品品牌的某一特征（如公司的年头、规模等）进行定位。例如，迪士尼乐园在广告里声称自己是世界上最大的主题公园，这里，规模最大是迪士尼的一个定位特征。又如，渣打银行在香港市场的定位是"历史悠久和安全可靠"，这里，这家英资银行在香港的年头是一个定位特征。

(二) 利益定位

利益定位就是利用产品品牌给消费者带来的某一特殊利益进行定位。

例如，力士香皂的定位是美容，而不是一般意义上的清洁和杀菌。力士香皂还利用国际影星做形象代言人，其中包括奥黛丽·赫本、索菲亚·罗兰、简·芳达和伊丽莎白·泰勒等，以加强这种定位策略。

（三）顾客定位

顾客定位就是强调产品品牌特别适合某一顾客群。例如，德国梅塞德斯轿车的顾客定位是公司高管人员；北欧航空公司的顾客定位是商务旅客；耐克运动鞋的顾客定位是爱好运动的人；中国民生银行的顾客定位是民营企业。又如，英国劳斯莱斯轿车的顾客定位是具有一定身份的消费者，他们多数具有以下特征：拥有自己的公司或是公司合伙人、拥有几处房产、拥有不止一辆轿车、拥有艺术收藏或游艇、年龄超过50岁。

（四）使用定位

使用定位就是强调产品品牌特别适合某一种消费（使用）。例如，麦当劳的使用定位是快餐。麦当劳历史上曾经改变过使用定位，变为酒店，但很快就发现这种改变是错误的，自己的最佳使用定位还是快餐。又如，美国金宝汤（Campbell）的定位是“午餐用汤”，并一直做午间的无线广告，以加强这种使用定位。再如，雀巢咖啡的使用定位是一系列情景或时点：早晨起床后、午餐、午餐后和晚餐前、晚餐、陪客人或同事用餐、商务洽谈、夜间提神、周末。

（五）竞争定位

竞争定位就是强调产品品牌胜于对手的优点。如恒生银行在香港市场的竞争定位是“充满人情味和服务态度最佳的银行”，这里，人性关怀和服务是恒生的竞争优势。赖斯和特劳特所说的“注意对手疏忽的定位”也是一种竞争定位。如纽约泽西联合银行的定位——“业务快速”，就是这家银行相对于其他银行的一个优势。

（六）品种扩展定位

品种扩展定位就是强调产品品牌在品种上的扩展，推出新的品种。如广州的晓港公园现在办成了“婚礼公园”，里面有举办中、西式婚礼活动所需要的草坪、中式花园、欧式花园、教堂区、总统套房、婚纱影城等。

该公园还推出“直升机游羊城”的婚礼活动。这是公园的一种品种扩展定位：从一般的休闲服务扩展到婚礼服务。

（七）价值定位

价值定位就是质价比定位。如“优质优价”、“物美价廉”等都是价值定位。像瑞士劳力士手表的价值定位是“极品”手表，而天美时手表的价值定位是“物美价廉”。一种重要的价值定位是档次定位，如酒店产品品牌的一种主要的价值定位就是星级定位，星级就是档次。星级越高，档次就越高，就越是“优质优价”。

第二篇

消费者心理切割和营销

第三章　消费者心理过程的切割式分析

消费需要心理切割

一、消费需要的概念

消费需要，是指消费者对以商品和劳务形式存在的消费品的要求和欲望。消费者需要是包含在人类一般需要之中的。在市场营销活动中，消费者的需要不应是一个笼统的概念，而是由各种相关因素构成的组合体，具体包括：

（1）产生需要的消费者的总体数量及性别、年龄、职业、消费习惯、收入水平等基本特征。

（2）消费者实际需要何种商品，商品的性能、质量、价格、款式如何，以及所需消费品的总量大小。

（3）需要的市场区域，即整体市场的或细分市场的需要，以及市场的空间分布如何。

（4）需要的时机与时限，即需要发生的时间、场合，以及是突发的、短暂的需要，还是常规的、长年性或季节性需要。

（5）需要的实现方式，即消费者通过何种方式满足需要，如选购、定购或租用，分期付款、网上支付、现款交易或赊购等。

（6）需要的市场环境，包括自然、经济、法律、社会文化等宏观环境对消费者需要的影响，企业的营销策略、营销组合运用等对消费者需要的诱导、激发与制约。

对上述构成要素加以分析和确认，消费者需要就成为现实的、具体的和可以测量的。这样，有关消费者需要的研究对企业营销才具有实际指导作用。

二、消费需要的产生

人的需要是客观存在的。就消费者而言，需要表现为消费者对获取各种物质或精神生活消费品的要求和欲望。它通常产生于消费者的某种生理或心理体验的缺乏状态，例如，人们感到饥饿、寒冷、寂寞时，就会产生对食品、服装、交友的需要。许多情况下，消费需要也可由外部刺激引发，例如广告宣传、销售奖励、现场示范等，都可能诱发消费者产生对某种消费品的需要。

三、消费需要的分类

人类的消费需要可以从不同角度进行分类。其中，最常用、最基本的分类方法是根据购买目的划分，可以分为生产消费需要和生活消费需要两大类。生产消费需要是指生产者为了满足生产过程中物化劳动和活劳动消耗的需要，也可称为生产者需要。生活消费需要，是指消费者为了满足个人生活的各种物质产品和精神产品的需要，又称为消费者需要。消费者需要是最终的消费需要。

按照需要的起源划分，可以分为生理需要、心理需要。生理需要是指消费者为维持和延续生命，对于衣、食、住、睡眠、安全等基本生存条件的需要。这种需要是人作为生物有机体与生俱来的，是由消费者的生理特性决定的。心理需要是指消费者在社会环境的影响下所形成的、带有人类社会特点的某些需要，如社会交往的需要、对荣誉的需要、自我尊重的需要、表现自我的需要等。这种需要是人作为社会成员在每天的社会生活中形成的，是由消费者的心理特性决定的。

按照需要的对象划分，可以分为物质需要和精神需要。物质需要是指消费者对以物质形态存在的、具体有形的商品的需要。这种需要反映了消费者在生物属性上的欲求。其中又可以进一步作低级和高级之分。低级的物质需要是指维持生命所必需的基本对象；高级的物质需要是指人们对高级生活用品，如现代通信工具、汽车、化妆用品、健身器材等，以及用于从事劳动的物质对象，如劳动工具的需要。精神需要是指消费者对于观念的对象或精神产品的需要，具体表现为对艺术、知识、美、认识和追求真理、满足兴趣爱好的需要，以及友情、亲情等方面的需要。这种需要反映了消费者在社会属性上的欲求。

按照需要的形式划分，可以分为生存需要、享受需要和发展需要。生存需要包括对基本的物质生活资料、休息、健康、安全的需要。这类需要使消费者的生命存在得以维持和延续。享受需要表现为要求吃好、穿美、住得舒适、用得奢华，有丰富的娱乐生活。这类需要的满足，可以使消费者在生理和心理上获得最大限度的享受。发展需要体现为要求学习文化知识、增进智力和体力、提高个人修养、掌握专门技能、在某一领域取得突出成就等。这类需要的满足，可以使消费者的潜能得到充分释放，人格得到极大发展。

按照需要的层次划分，可以分为生理需要、安全需要、爱和归属的需要、尊重需要、自我实现需要。美国心理学家马斯洛于1943年提出了著名"需要层次理论"，把人类多种多样的需要划分为上述五种基本类型。其中，生理需要是个体为维持生存和发展对基本生活资料的需要，也是各类需要中必须首先满足的最基本的需要。唯有生理需要获得满足后，人们才有可能再产生新的其他层次的需要。

按照需要的商品性能不同划分，可以分为对商品使用价值、审美功能、时代特征、社会象征和良好服务的需要。对商品使用价值的需要是消费者需要的基本内容。使用价值是商品能够满足人们某种需要的属性。消费者对商品的需要，首先表现为要求商品具有特定的使用价值，包括对商品的基本功能、质量、外观、规格、品种、安全性能、便利程度、供应数量以及同类商品可供选择的余地等方面的要求。

除上述分类外，消费者需要还可以从不同角度作多种分类。例如，按照消费结构可以分为吃、穿、住、用、行等方面的需要；按照商品形态可以分为物质性消费需要和劳务性消费需要；按照商品来源可以分为自给性消费需要和商品性消费需要；按照消费需要的实现程度可以分为现实需要和潜在需要等。各种分类对于企业研究消费者需要、制定市场营销战略与策略具有不同的意义。

四、消费需要的特征

（一）多样性

这是消费者需要的最基本特征。它首先表现为不同消费者的需要各不相同，千差万别。由于消费者的收入水平、文化程度、职业、性格、年龄、民族和生活习惯不同，自然会有多种多样的爱好和兴趣，对于商品和服务的需求是千差万别和丰富多彩的。

（二）发展性

消费者需要不是一成不变的，随着社会经济发展和人们生活水平的不断提高，人们对商品和服务的需要不论是从数量上还是从质量上或品种方面都在不断地发展。一种需要被满足了，又会产生新的需要。其总的趋势是由低级向高级发展，由简单向复杂发展，由追求数量上的满足向追求质量上的充实发展。

（三）层次性

人们的消费需要是有层次的。一般来说，总是由低层次向高层次逐渐延伸和发展。当低层次的、最基本的生活需要，即生存需要被满足以后，就会产生高层次的社会需要和精神需要，这就是消费需要的层次性。

（四）伸缩性

消费需要受外因和内因的影响，具有一定的伸缩性。内因主要包括消费者本身需要欲望的特征、程度和货币支付能力等；外因影响主要是商品的供应、价格、广告宣传、销售服务和他人的实践经验等。两个方面因素都可能对消费需要产生促进或抑制作用。

（五）周期性

人的消费是一个无止境的活动过程，人的一生是一个不间断的消费过程。一些消费需要在获得满足后，于一定时间内不再产生，但随着时间的推移还会重新出现，并具有周期性。消费需要的周期性主要是由人的生理机制运行引起，并受到自然环境变化周期、商品生命周期和社会时代变化周期的影响。

（六）互补性和互替性

对某些商品的需求具有互补性的特点，例如，购买钢笔时可能会附带购买墨水，购买汽车时可能会附带购买修理工具、防盗器、坐垫套及上光蜡等。因此，经营互有联系或互补的商品，不仅会给消费者带来方便，还能扩大商品销售。此外，许多商品具有可以互相替代的特点。在市场上，经营者常遇到这种情况，某种商品的销售量减少而另一种在消费上可以替代的商品的销售量增加。

（七）可诱导性

消费者的需要是可以加以诱导、引导和调节的，即可以通过环境的改变或外部诱因的刺激、引导，诱发消费者需要发生变化和转移。消费者需要的可诱导性，为企业提供了巨大的市场机会。企业可以通过卓有成效的市场营销活动，使无需要转变为有需要，潜在需要转变为现实需要，未来需要转变为近期的购买行动，从而使企业由被动地适应、迎合消费者的需要，转化为积极地引导、激发和创造需要。

消费者的购买动机切割

一、消费动机的特征

（一）消费动机的原发性

个体缺乏某种东西而产生对某种东西的需求，这种需求推动个体去寻找满足需求的对象，动机就是在这种情况下产生的。就是说，需求使个体产生动机，动机推动个体采取行动。从个体动机产生上看，动机具有原发性特征。对于消费者而言，其内在的需要促使其产生各种消费动机。

（二）消费动机的内隐性

个体的行为是外显的，但支配其行为的动机却是无法直接观察得到的。消费者的消费动机是通过其消费行为推断出来的。例如，消费者入住了高档饭店，我们可以作如下推断：首先，他有休息的生理性动机；其次，他可能有追求社会身份、地位，希望得到他人尊重的动机。消费者的动机不是我们观察到的，而是根据他的行为和所掌握的知识经验推断出来的。所以说，动机具有内隐性。

（三）消费动机的实践性

动机是行为的内在原因，是为行为而存在的。从动机与行为的这种关系上表现出动机的实际特征。动机的这种特征是我们研究它的一个重要原因：了解消费者的消费动机，从而为预测和引导消费者的消费行为提供依据。

（四）消费动机的动态性

动机是与生活经验相互作用而不断变化的高度动态的结构。动机的形成决定于内在需要和外部环境两大方面因素，当这两种因素发生变化时，个体的动机自然会相应发生变化。外部环境是不可控的，而且人的需要也是经常变化的。这是因为：第一，需要是不可能得到彻底满足的。例如，在固定的时间间隔内，人们就会体验到饥饿需要，这种需要必须得到满足。第二，当过去的需要得到满足时会产生新的需要。由于动机的这种特点，我们就可以通过一些营销手段来影响消费者的消费动机，并继而影响消费者的消费行为。

二、消费动机的分类

一个人复杂多样的动机往往以其特定的相互联系构成动机系统。根据不同的标准，可分为以下几类：

（一）按动机的性质分类

根据动机的性质，可分为生理性动机和心理性动机。

1. 生理性动机

生理性动机来源于人体得以生存和繁衍下去的最基本的生理需要，如对空气、水、食物、休息等的需要。生理性动机具有经常性、重复性、习惯性和相对稳定性的特点。

生理性消费动机又可以细分为生存性消费动机、享受性消费动机和发展性消费动机。

（1）生存性消费动机。是为了满足生存需要而激发的购买动机。生存需要就是人类为了维持自身生存而产生的对基本生活用品的需求。

（2）享受性消费动机。是由于消费者对享受资料的需求而产生的购买动机。享受资料的需求是人们为了提高生活质量、增添生活乐趣而产生的对各种娱乐、享受消费品的需求。

（3）发展性消费动机。是为了满足个体的发展需求而引起的购买动机。发展需求是人们对发展自己的体力、智力，提高个人才能所必需的消费品的需求，如强身健体、提高技能、增加知识等。

2. 心理性消费动机

心理性消费动机来源于人们生活的社会环境所带来的需要，如对安全和舒适的需要、被人尊重的需要等。由这些需要驱使的行为动机，来自外部社会，一般通过外界学习而获得。比如，饭店客人在决定住宿、就餐之前，常常伴随着复杂的心理活动，也就是说，他们的消费行为不仅要受到生理性消费动机的驱使，还要受到各种心理活动的支配。这样，心理活动的结果，往往就成为决定消费者消费什么、消费多少、在哪里消费、何时消费的重要因素。与生理性消费动机相比，对于推动消费者的消费行为，心理性消费动机所起的作用有日益增强并逐渐占据主导地位的趋势。

（二）按动机在行为中的作用分类

根据动机在行为中的作用，可分为主导动机和辅助动机。在引起复杂活动的各种不同动机中，有的动机强烈而稳定，在活动中起主导和支配作用；有些动机则起辅助作用，只是对主导性动机的一种补充。

（三）按动机存在的形式分类

根据动机存在的形式，可分为显性动机和潜在动机。显性动机是指动机清晰明确，对当前的行为构成直接的影响。潜在动机则是不清晰不明确的，在内在和外部条件成熟的时候才浮现出来，并对行为产生影响。

（四）消费者具体的购买动机

以上介绍的是消费者一般的消费动机。在消费者的实际购买活动中，还表现出以下各种不同的具体的购买动机。

1. 求实动机

它是指消费者以追求商品或服务的使用价值为主导倾向的购买动机。在这种动机支配下，消费者在选购商品时，特别重视商品的质量、功效，要求一分钱一分货，而对商品的象征意义、商品的造型与款式等不是特别强调。

2. 求新动机

它是指消费者以追求商品、服务的时尚、新颖、奇特为主导倾向的购买动机。在这种动机支配下，消费者在选择产品时，特别注重商品的款式、色泽、流行性、独特性与新颖性，而产品的耐用性、价格等则成为次要的考虑因素。一般而言，在收入水平比较高的人群以及青年群体中，求新的购买动机比较常见。

3. 求美动机

它以追求商品的欣赏价值和艺术价值为主要目的，注重商品的颜色、款式、包装等外观因素，讲求商品的风格和个性化特征的美化所带来的美感享受。求美动机在受教育程度较高的群体以及从事文化教育等工作的人群中是比较常见的。据一项对近400名各类消费者的调查发现，在购买活动中首先考虑商品美观、漂亮和具有艺术性的人占被调查总人数的41.2%，居第一位。而在这中间，大学生和从事教育工作、机关工作及文化艺术工作的人占80%以上。

4. 求名动机

它是指消费者追求名牌、高档商品，借以显示或提高自己的身份、地位而形成的购买动机。当前，在一些高收入层、大中学生中，求名动机比较明显。求名动机形成的原因是相当复杂的。购买名牌商品，除了有显示身份、地位、富有和表现自我等作用以外，还隐含着减少购买风险、简化决策程序和节省购买时间等多方面考虑因素。

5. 求廉动机

它是指消费者以追求商品、服务的价格低廉为主导倾向的购买动机。在求廉动机的驱使下，消费者选择商品时以价格为第一考虑因素。他们宁肯多花体力和精力，多方面了解、比较产品价格差异，选择价格便宜的产品。相对而言，持求廉动机的消费者对商品质量、花色、款式、包装、品牌等不是十分挑剔，而对降价、折让等促销活动有较大兴趣。

6. 求便动机

它是指消费者以追求商品购买和使用过程中的省时、便利为主导倾向的购买动机。在求便动机支配下，消费者对时间、效率特别重视，对商品本身则不甚挑剔。他们特别关心能否快速方便地买到商品，讨厌过长的候购时间和过低的销售效率，对购买的商品要求携带方便、便于使用和维修。一般而言，成就感比较高、时间机会成本比较大、时间观念比较强的人，更倾向于持有求便的购买动机。

7. 模仿动机

它是指消费者在购买商品时自觉不自觉地模仿他人的购买行为而形成的购买动机。模仿是一种很普遍的社会现象，其形成的原因多种多样。有出于仰慕、钦羡和获得认同而产生的模仿；有由于惧怕风险、保守而产生的模仿；有缺乏主见，随大流或随波逐流而产生的模仿。不管缘于何种原由，持模仿动机的消费者，其购买行为受他人影响比较大。一般而言，普通消费者的模仿对象多是社会名流或其所崇拜、仰慕的偶像。

8. 好奇购买动机

它是消费者为满足自己的好奇心而产生的购买动机。好奇心是每一个人都有的一种心理现象。当人们对于面前的事物不是很理解，觉得新鲜有趣或者感到奇怪时，人们就会产生想要了解它、尝试它的愿望，并进一步产生购买行为。

9. 癖好动机

它是指消费者以满足个人特殊兴趣、爱好为主导倾向的购买动机。其核心是为了满足某种嗜好、情趣。具有这种动机的消费者，大多因为生活习惯或个人癖好而购买某些类型的商品。比如，有些人喜爱养花、养鸟、摄影、集邮，有些人爱好收集古董、书画，还有人好喝酒、饮茶。在癖好动机支配下，消费者选择商品时往往比较理智，比较挑剔，不轻易盲从。

消费者的购买决策切割

一、购买决策的含义

一般意义上的决策，是指为了达到某一预定目标，在两种以上备选方案中选择最优方案的过程。就消费者而言，决策是指为实现满足需求这一特定目标，消费者作为决策主体在购买过程中进行的评价、选择、判断、决定等一系列活动。

购买决策在消费者购买活动中占有极为重要的关键性地位：

（1）消费者购买决策进行与否，决定了其购买行为发生或不发生；

（2）决策的内容规定了购买行为的方式、时间及地点；

（3）决策的质量决定了购买行为的效用大小。

正确的决策会促使消费者以较少的费用、精力，在短时间内买到质价相符、称心如意的商品，最大限度地满足自身的消费需要；反之，质量不高或错误的决策，不仅会造成时间、金钱的损失，还会给消费者带来心理挫折，对其以后的购买行为产生不利影响。所以，决策在购买行为中处于核心地位，起着支配和决定其他要素的关键作用。

二、消费者购买决策的内容

消费者的购买决策的内容因人、条件及所处环境的不同而不同，但所有消费者的购买决策都离不开以下几个方面的具体内容：

（1）为什么买（Why），即权衡购买动机。消费者的购买动机是多种多样的。同样购买一台洗衣机，有的人是为了节约家务劳动时间，有的人是为了规避涨价风险，有的人则是为了显示富有。

（2）买什么（What），即确定购买对象。这是决策的核心和首要问题。

不仅要确定购买哪一种商品，而且要确定具体的对象及具体的内容，包括商品的名称、品牌、商标、款式、规格和价格。

（3）买多少（How），即确定购买数量。购买数量一般取决于实际需要、支付能力及市场的供应情况。如果市场供应充裕，那么消费者既不急于买，买的数量也不会太多；如果市场供应紧张，那么即使目前不是急需或支付能力不足，也会负债购买。

（4）在哪里买（Where），即确定购买地点。购买地点是由多种因素决定的，如路途远近、可挑选的品种数量、价格以及服务态度等。它既与消费者的惠顾动机有关，也与消费者的求廉动机、求速动机有关。

（5）何时买（When），即确定购买时间。购买时间也是购买决策的重要内容，它与主导购买动机的迫切性有关。在消费者的多种动机中，往往由需要强度高的动机来决定购买时间的先后缓急；同时，购买时间也与市场供应状况、营业时间、交通情况和消费者可供支配的空闲时间有关。

（6）如何买（Which），即确定购买方式。购买方式包括是函购、邮购、预购还是代购；是付现金、开支票，还是分期付款等。

三、购买决策的特征

消费者的购买决策具有某些共同的特征，具体如下：

（1）决策主体的单一性。由于购买商品是满足消费者个人或家庭消费需要的个体行为活动，因而通常表现为消费者个别的、独立的决策过程，即由消费者个人单独决策或由家庭成员共同决策。

（2）决策范围的有限性。由于购买决策大多是解决如何满足消费者个人及家庭的需要问题，因此，与其他事项的决策相比，消费者的决策范围相对有限，仅仅限于购买何种商品、购买时间和地点、购买方式等方面的决策。

（3）决策因素的复杂性。影响购买决策的因素复杂多样，既有消费者的个性品质、兴趣爱好、态度倾向、生活习惯、收入水平等个人因素，又有社会时尚、所属群体、社会阶层、家庭等环境因素的影响。

(4) 决策内容的情境性。影响决策的各种因素会随着时间、环境的变化不断发展变化，因此，消费者的决策具有明显的情境性，其具体内容和方式因所处情境不同而不同。

四、制定购买决策的原则

消费者在决策过程中，总是依据一定的标准、尺度，对各种方案进行比较选择，从中确定最优方案，而选择标准及尺度的拟订又是从一定原则出发的。决策原则贯穿于决策过程的始终，指导着消费者的决策活动。

(一) 最大满意原则

就一般意义而言，消费者总是力求通过决策方案的选择、实施，取得最大效用，使某方面的需要得到最大程度的满足，按照这一指导思想进行决策，即为最大满意原则。遵照最大满意原则，消费者将不惜代价追求决策方案和效果的尽善尽美，直至达到目标。

但是，在实际中想要贯彻最大满意原则，需要满足许多苛刻的附加条件，如需要详尽全面地占有信息、对各种备选方案进行准确无误的评价比较，以及能够精确预测各种方案的实施后果。而消费者受主观条件和客观环境的限制，几乎不可能全部具备上述条件。此外，是否达到最大满意，完全依赖于消费者的主观感受和评价。而受心理因素和环境变化的影响，消费者的主观感受不是一成不变的，购买前视为最佳的方案，购买后可能评价降低，甚至产生相反的感受。因此，所谓最大满意原则，只是一种理想化的原则，现实中人们往往以其他原则补充或代替。

(二) 相对满意原则

在现代社会，消费者面对多种多样的商品和瞬息万变的市场信息，不可能花费大量的时间、金钱和精力去收集制定最佳决策所需的全部信息；即使有可能，与所付代价相比也绝无必要。况且，人的欲望是无止境的，永远不可能达到绝对的、最大程度的满足。因此，在制定购买决策时，消费者只需作出相对合理的选择，达到相对满意即可。例如，在购置皮鞋时，消费者只要求经过有限次数的比较选择，买到质量、外观、价格比较满意的皮鞋，而无须花费大量时间跑遍所有商店，对每一双皮鞋进行挑选。贯彻相对满意原则的关键是根据所得与所费的比较，合理调整选择标准，使之保持在适度、可行的范围内，以便以较小的代价取得较大的效用。

（三）遗憾最小原则

遗憾最小则立足于逆向决策。由于任何决策方案的结果都不可能达到绝对满意而存在不同程度的遗憾，因此，有人主张以可能产生的遗憾最小作为决策的基本原则。运用遗憾最小原则进行决策时，消费者通常要估计各种方案可能产生的不良后果，比较其严重程度，从中选择最轻微的作为最终方案。例如，当消费者因各类皮鞋的价格高低不一而举棋不定时，有的人宁可选择价格最低的种类，以便使遗憾降低到最低程度。遗憾最小原则的作用在于减少风险损失，缓解消费者因不满意而造成的心理失衡。

（四）预期—满意原则

有些消费者在进行购买决策之前，已经预先形成了对商品价格、质量、款式等方面的心理预期，在对备选方案进行比较选择时，既不挑选最佳方案，也不选择可能产生遗憾最小的方案，而是与个人的心理预期进行比较，从中选择与预期标准吻合度最高的作为最终决策方案。运用预期—满意原则，可大大缩小消费者的抉择范围，迅速、准确地发现目标商品，加快决策进程，同时避免因方案过多而举棋不定。

第四章　消费者购买心理分析与切割

消费者的性格心理切割

个性心理特征是指个人带有倾向性的、本质的、比较稳定的心理特征的总和。它体现个体的独特风格、独特心理活动以及独特行为表现。消费者在购买活动中所表现出来的千差万别的行为，主要是由消费者不同的个性心理特征所决定的。个性心理特征具有稳定性、整体性、独特性和倾向性等特点，包括消费者的气质、性格、能力等诸多方面。它是人们在一定的心理素质的基础上，在一定的社会历史条件下，通过社会实践活动形成和发展起来的。

一、消费者的气质

气质是不以活动目的和内容为转移的典型的、稳定的心理活动的动力特性。

这个定义包含以下一些内容：第一，气质是表现在心理活动的速度、强度、灵活性方面的动力特性。在日常生活中我们可以发现，在同一件事情上，不同的人有不同的心理表现。在速度上，有的人思维敏捷、动作伶俐、快人快语，而有的人则三思而行、动作缓慢、慢声细语；在强度上，有的人性情暴躁、“沾火就着”，而有的人则不温不火，甚至“扎一锥子不出血”；在灵活性上，有的人转变很快，而有的人则比较固执。这些心理活动的动力特性，给每个人的心理表现都涂上了一层独特的色彩。第二，气质具有天赋性。这可以从婴儿身上体现出来。有的婴儿出生后就喜欢吵闹、好动，而有的则比较安静。第三，气质具有稳定性和可变性。因为气质的天赋性，所以气质具有不易改变的特点，但是它在生活和教育环境的影响下，在一定程度上也是可以改变的。

人们的气质虽有千差万别，但事实和学者们的研究都表明，在人群中有几种典型的气质类型。关于气质类型的划分，古今中外流派很多，其中比较流行的是古希腊医生希波克拉底的“体液说”。希波克拉底根据每种体液在人体内占优势的情况，把人的气质分为四种不同的类型，即多血质、胆汁质、黏液质和抑郁质。

（一）多血质

多血质的人的主要特征是：反应迅速、有朝气、活泼好动、动作敏捷，情绪不稳定、粗枝大叶，喜欢与人交往，兴趣广泛但不持久，注意力易转移。

在购买活动中，多血质的消费者表现为善于交际，有较强的灵活性，能以较多的渠道获得商品的信息。这类消费者对购物环境有较强的适应能力，并且在购物时视野开阔，反应敏捷，易于与营业员进行沟通。但是，有时其兴趣与目标会因为可选择的商品过多而转移或一时不能取舍，因而购买行为中常常带有浓厚的感情色彩。

（二）胆汁质

胆汁质的人的主要特征是：易兴奋、直率、热情、精力旺盛，自我控制能力较差，容易冲动，心境变化剧烈，脾气暴躁。

胆汁质的消费者在购物时喜欢标新立异，追求新潮、具有刺激性的流行商品。他们一旦感到需要，就迅速产生购买动机并很快完成购买行为。但是，购物环境不如意或受到营业员的怠慢，会激起他们烦躁的情绪和强烈的反感。他们有时会产生不理智的行为甚至会冲动购买。

（三）黏液质

黏液质的人的主要特征是：安静、稳重，动作迟缓，沉默寡言，善于克制忍耐，情绪不外露，做事慎重但不灵活，缺乏生气。

黏液质的消费者在购物时比较冷静、细致，不易受广告宣传、商标或营业员劝说的干扰，喜欢通过自己的观察和比较来作出购买决策。他们对自己熟悉的商品会积极购买，并持续一段时间，而对新商品往往持审慎态度。

（四）抑郁质

抑郁质的人的主要特征是：敏感、多疑、孤僻，情感体验深刻但不外露，行动缓慢，外表温柔、怯懦。

抑郁质的消费者在购物时往往考虑比较周到，对周围的事物很敏感，能够观察到别人不易察觉的细枝末节，其购物行为比较拘谨，优柔寡断。他们一方面表现出缺乏对商品应有的知识和对购物的主动性，另一方面又对别人的宣传或介绍不感兴趣或不信任。

以上是几种典型气质的消费者心理与行为。当然，在现实中，典型的气质类型者很少，多数人属于混合型。一般是以某种气质类型为主，同时兼有其他气质类型的特点。

二、消费者的性格

性格是各种心理特征的核心，主要表现为人对客观现实的态度和相应的习惯了的行为方式。性格的形成与发展对消费者的购买行为有重要的影响。

按照消费者性格特征的不同组合，可以把消费者的性格分成若干类型。

（一）根据消费者的消费态度划分

1. 节俭型

这类消费者的消费态度表现出节俭、实用。他们在选购商品时看重商品内在质量和实用性，受外界宣传影响较小，不太注重商品的名声，而较多地考虑其实际效用。

2. 保守型

这类消费者在消费态度上比较严谨，习惯于传统的消费方式，对新产品、新观念接受比较慢，并常常抱有怀疑的态度，在选购商品时比较喜欢购买传统的或有过多次使用经验的商品。

3. 随意型

这类消费者的消费态度比较随便，选购商品时随机性比较大，选购标准也呈多样性。他们从多种渠道获得商品信息，受外界环境的宣传影响较大。

4. 从众型

这类消费者态度随和，生活方式大众化，购买行为受相关群体影响较大，与和自己相仿的消费者群体保持一致的消费模式和消费水平。

（二）根据消费者的购买方式划分

1. 理智型

理智型消费者主要受理智支配，会对各有关因素进行细致的分析和认真的比较。其购买行为冷静而慎重，受外界影响较小，不易冲动，善于控制自己的情绪，经过权衡利弊作出决定，以获得最好的消费效果。

2. 情绪型

情绪型消费者往往受感情支配，在购物时有较强的情绪色彩。他们在选购商品时的心态常常是“跟着感觉走”，只要是自己喜爱的商品，在购买力允许的条件下，就可能采取相应的行动，对其实际效果考虑得相对少些。与此同时，他们的购买目标也容易转移，商品的造型、名称、色彩及包装对他们也会产生较大的影响。

3. 习惯型

这类消费者常常根据以往的购买经验、使用经验或已经形成的习惯采取购买行动。他们对某种品牌的商品熟悉并信任后，不必经过挑选和比较就会购买，而且容易重复购买并进而形成习惯性购买行为。

4. 挑剔型

这类消费者有较丰富的商品知识和购买经验，因此在选购商品时，一般不受他人的影响，也不愿意与他人商量，但在选择商品时极为仔细，常常货比三家还要讨价还价，有时甚至到了苛刻的程度。

三、消费者的能力

能力是一种为顺利地完成某种活动所具备的并影响活动效果的个性心理特征。能力总是和人的某种活动相联系，并表现在活动中，因此，能否顺利并出色地完成某种活动，是检验人们能力的重要标志之一。

（一）能力的组成

一般认为，人的能力由认识能力、活动能力和特殊能力三部分组成。

认识能力是指人认识事物，运用知识解决实际问题的能力。包括注意力、观察力、想象力、思维力和记忆力。这五种能力相互制约、相互影响。例如，一个人的注意力差，则其他几种能力都会受到影响，因而整个认识能力或智力水平也就较低；反之亦然。

活动能力是指人们完成某种活动的能力。它也是由一些基本能力构成的，如组织能力、计划能力以及实际操作能力等。

特殊能力是指人们从事某种专门活动时所需的本领，如音乐能力、绘画能力、鉴赏能力等。

（二）消费者能力差异的表现

能力差异是普遍存在的，消费者在购买活动中所表现出来的能力有明显的差别，如有的人观察力强，有的人观察力弱；有的人记忆力好，有的人记忆力差。一般来说，消费者的能力差异主要表现在以下几个方面。

1. 对商品的感知辨别力的差异

对商品的感知辨别力是指消费者识别、辨认商品的能力。消费者感知辨别力的高低既与购买或使用商品的经验有关，也与识别商品的方法有关。消费者对于经常购买或使用的某类商品，由于对其品质、性能等方面的要求比较熟悉，其识别能力就比较强。特别是对于购买特殊用途的商品，有一定专业技术知识的消费者同普通的消费者相比，辨别力的差别就更大。另外，辨别方法的不同，也会造成消费者在感知辨别力方面的差别，尤其是对于最新问世的一些高科技产品，如果消费者没有相应的科学知识，就难辨其好坏。

2. 对商品的分析评价能力的差异

这是指依据一定的标准分析判断商品价值大小的能力。消费者分析评价能力的高低直接影响其购买活动的效果和效率。因为分析评价能力较高的消费者能在购买商品时清楚地知晓商品的优缺点，或者说他知道商品的价格与商品的质量是否相符。因而，他一旦认可了某商品的性价比，往往就能作出正确的购买决定，提高购买活动的效果和效率。反之，对于分析评价能力较低的消费者，因为其心里没底，总怕上当受骗，所以在购买活动中就表现为优柔寡断，顾虑重重。对于这部分消费者来说，特别是在购买新产品的时候，最好是等大多数人都使用过了，再去购买，这样既节省了时间，又不会买错商品。

3. 对商品鉴赏能力的差异

这主要是指消费者在艺术欣赏能力方面的差异。对于大多数商品来说，不仅具有一定的使用价值，同时也具有一定的欣赏价值。随着消费者生活水平的提高，人们对商品的审美要求也越来越高。例如，同是购买服装，鉴赏能力高的消费者，不仅要求服装的款式要新潮、质地要好、剪裁要合体，而且还要穿出个人独特的风格和气质来。而鉴赏能力较低的消费者，则倾向于购买一些大众化的商品，认为衣服只要合时、合身就行了。消费者对商品鉴赏能力的高低，与家庭环境的熏陶、所从事的工作以及受教育程度等密切相关。

4. 购买活动中决策能力的差异

消费者在购买活动中决策能力的高低，对其能否实现购买行为有直接的影响。决策能力强的消费者在购买活动中挑选迅速，购买果断，一般不需要外界过多参与，而决策能力较差的消费者则往往犹豫不决，甚至对于已经中意的商品，是买还是不买，是现在买还是将来买，很难拿定主意。这时，销售人员的适度参与，对促成购买行为是十分重要的。

消费者在购买活动中的能力差异除了以上几个方面以外，还表现在应变能力的差异、与营销人员的交往能力的差异等方面。对于营销人员来说，了解消费者在购买活动中的能力表现和消费者之间的能力差异是十分重要的，同时，也要认识到培养和提高消费者的购买能力对提高企业经营服务水平、增强竞争能力的重要性。

顾客消费心理的切割式解读

俗话说：知彼知己，百战不殆。销售人员在推销过程中，充分了解客户的购买心理，是促成生意的重要因素。

顾客在成交过程中会产生一系列复杂、微妙的心理活动，包括对商品成交的数量、价格等问题的一些想法及如何与你成交、如何付款、订立什么样的支付条件等。顾客的心理对成交的数量甚至交易的成败，都有至关重要的影响。因此，优秀的销售人员都懂得对顾客的心理予以高度重视。

由于人的购买行为是受一定的购买动机或者多种购买动机支配的，所以研究这些动机，就是研究购买行为的原因，掌握了购买动机，就好比掌握了扩大销售的钥匙。

归纳起来，顾客的消费心理主要有以下11种。

(1) 求实心理

这是顾客普遍存在的心理动机，他们购物时，首先要求商品必须具备实际的使用价值，讲究实用。有这种动机的顾客，在选购商品时，特别重视商品的质量效用，追求朴实大方，经久耐用，而不过分强调外形的新颖、美观、色调、线条及商品的“个性”特点。

(2) 求美心理

爱美之心，人皆有之。有求美心理的人，喜欢追求商品的欣赏价值和艺术价值，以中青年妇女和文艺界人士居多，在经济发达国家的顾客中也较为普遍。他们在挑选商品时，特别注重商品本身的造型美、色彩美，注重商品对人体的美化作用，对环境的装饰作用，以便达到艺术欣赏和精神享受的目的。

(3) 求新心理

有的顾客购买物品注重“时髦”和“奇特”，好赶“潮流”。在经济条件较好的城市中的年轻男女中较为多见，在西方国家的一些顾客身上也常见。

（4）求利心理

这是一种“少花钱多办事”的心理动机，其核心是“廉价”。有求利心理的顾客，在选购商品时，往往要对同类商品之间的价格差异进行仔细的比较，还喜欢选购打折或处理商品，具有这种心理动机的人以经济收入较低者为多。当然，也有经济收入较高而勤俭节约的人，精打细算，尽量少花钱。有些希望从购买商品中得到较多利益的顾客，对商品的花色、质量很满意，爱不释手，但由于价格较贵，一时下不了购买的决心，便讨价还价。

（5）求名心理

这是以一种显示自己的地位和威望为主要目的的购买心理。这类顾客多选购名牌，以此来“炫耀自己”。具有这种心理的人，普遍存在于社会的各阶层，尤其是在现代社会中，由于名牌效应的影响，衣食住行选用名牌，不仅提高了生活质量，更是一个人社会地位的体现。

（6）仿效心理

这是一种从众式的购买动机，其核心是“不落后”或“胜过他人”。有仿效心理的顾客对社会风气和周围环境非常敏感，总想跟着潮流走，在购买某种商品，往往不是由于急切的需要，而是为了赶上他人，超过他人，借以求得心理上的满足。

（7）偏好心理

这是一种以满足个人特殊爱好和情趣为目的的购买心理。有偏好心理动机的人，喜欢购买某一类型的商品。例如，有的人爱养花，有的人爱集邮，有的人爱摄影，有的人爱字画，等等。这种偏好性往往同某种专业、知识、生活情趣等有关。因而偏好性购买心理动机也往往比较理智，指向性也比较明确，具有经常性和持续性的特点。

（8）自尊心理

有这种心理的顾客，在购物时，既追求商品的使用价值，又追求精神方面的高雅。他们在购买之前，就希望自己的购买行为受到销售人员的欢迎和热情友好的接待。经常有这样的情况：有的顾客满怀希望地进商店购物，一见销售人员的脸冷若冰霜，就转身而去，到别的商店去买。

(9) 疑虑心理

这是一种瞻前顾后的购物心理动机，其核心是怕“上当吃亏”。他们在购物的过程中，对商品的质量、性能、功效持怀疑态度，怕不好使用，怕上当受骗。因此，反复向销售人员询问，仔细地检查商品，并非常关心售后服务工作，直到心中的疑虑解除后，才肯掏钱购买。

(10) 安全心理

有这种心理的人对欲购的物品，要求必须能确保安全。尤其像食品、药品、洗涤用品、卫生用品、电器用品和交通工具等，不能出任何问题。因此，他们非常重视食品的保鲜期，药品有无副作用，洗涤用品有无化学反应，电器用品有无漏电现象等。在销售人员解说、保证后，才会放心地购买。

(11) 隐秘心理

有这种心理的人，购物时不愿为他人所知，常常采取“秘密行动”。他们一旦选中某件商品，而周围无旁人观看时，便迅速成交。如青年人购买和性有关的商品时常有这种情况，一些知名度很高的名人在购买高档商品时，也有类似情况。

消费者类型切割式营销策略

具体而言，有以下几种类型。

一、随和型顾客心理：我需要你的感动

随和型顾客性格温和，态度友善。当销售人员去向他们介绍或者推销产品的时候，他们会比较配合，愿意听销售人员的“唠叨”，思维往往会被销售人员牵着走。即使销售人员表现得很不热情、很不积极，他们也能容忍，不会轻易发脾气。

随和型的人通常有这样的特征：在他们的办公室里，你会发现他在各

地旅游时拍下的照片，办公桌前肯定有他家人的全家福或者他爱人、孩子的照片。

他们通常比较随和，乐于听取别人的意见及看法，有良好的沟通能力，给人以亲切的感觉，是很好的合作伙伴，相处起来十分容易。在工作中，他们很少与别人发生冲突，虽然性格可能有些敏感，但是发生问题的时候，他们会尽量减少摩擦，自己的真实想法也很少有机会透露出来。与这种类型的人相处会没有压力，但是他们在销售关系中却是最难成交的顾客。

销售人员在与之沟通过程中，他们说得最多的话就是“好”，无论什么都以“好”作为结束语，唯一说“不”的时候就是不买产品的时候。他们购买产品或服务时会考虑很多因素，且不会对别人造成影响。他们经常会问：“这个产品容易操作吗？会不会影响别人？”

面对随和型的顾客，想要顺利地推销出产品，一定要注意：每个人都有自己的购买特点，随和型的顾客也不例外，了解其购买特点很重要。让这类顾客购买产品需要有计划地进行，比如选择一个良好的时机，提供一份关于产品的所有资料并报出一个合理的价格。

需要注意的是，你一定要了解对手的情况，因为随和型的顾客或许会在你之前去不同的地方问价，如果你的产品不能比对手的产品更好，那么你获胜的可能性就会大减。

一般情况下，随和型的顾客作出决定的时间会很长，所以销售人员不能太急，也不能给予否认或者怀疑，要把握分寸，适当地给予对方思考的时间并加以引导，这样才能保证推销的成功进行。

还有一个很重要的方面就是随和型的顾客不太喜欢变故，所以给他们应有的保证是很重要的。

随和型的顾客所期待的服务是要随时保持良好的沟通，他们希望得到的是一种被动的分享，因此在沟通的过程中要有非常大的耐心。他们决策的时间很长，因为他们对于问题的恐惧程度比较高，不喜欢承担风险，尤其不希望因为自己的原因而造成不应该有的损失。因此在与之合作时，要给予其保证，使其放心，这样才可能促使交易顺利完成。

随和型顾客看起来性子比较慢，因此销售人员一般不能太过急躁地推销商品，而应该努力地配合顾客的步调，慢慢地引导顾客，用专业的商务语言给顾客积极的建议，消除其心中的种种疑虑，最终水到渠成地促成交易。

随和型顾客的缺点就在于做事缺乏主见，比较消极被动，在购买时总是犹豫不决，不容易作出决定。一旦别人给其施加压力，就会很快促成交易的成功。当然施加压力的方式方法一定要正确。譬如，销售人员要始终把主动权抓在自己的手里，用自信的言谈给予顾客积极的建议，并多多使用肯定性的语言加以鼓励，而且要多从顾客的立场来讨论问题，在潜移默化中使顾客作出决定，这样才是比较合适的做法。因为，随和型的顾客虽然害怕受到压力，但是却不喜欢受到别人的强迫。作为销售人员，要想说服这种类型的顾客，最隐蔽而有效的方法就是消除顾客的疑虑，用真诚来给顾客制造压力，攻破顾客的心理防线，使顾客没有拒绝的理由。

二、对专断型客户要服从

生活中，有的人办事缺乏主见，犹豫不决，唯唯诺诺；而有的人则是态度坚决，行事果断，甚至像一个统治者一样，独断专行，不愿意跟别人废话，也从来不听从别人的劝说。

在销售的过程中，独断专行的客户无疑是难以说服的客户，会使销售人员感到十分头疼。因为独断专行的客户总是有着自己的想法和主意，虽然他们会很快作出决定，但是前提必须是你的商品完全符合他的要求。而且在选购的过程中，这样的客户往往言辞简单，不会向销售人员透露太多的信息，而是更喜欢提出许多的要求，比如“简单地说说你的意见让我听听”，“我觉得这个不合适，你能够帮我换一个更好的吗”。如果销售人员做得不好，那么客户基本会果断地选择离开。

专断型的客户总是以自我为中心，总是希望别人能够认同和欣赏自己，更希望别人能够按照自己的意志去行事。也正是基于此，销售人员在销售过程中更要善于变换主客关系，把客户转换到主人的位置上，让客户自己来评判和选择产品。

一般来说，专断型的客户都是很有主见的，有时还会十分固执，对某种商品常常情有独钟，如果销售人员不能按照他的要求提供所需商品，那么就很难促成交易的成功。因此，作为销售人员要想了解客户的真实意愿，就应该想办法让他们说出自己的意愿，进而从他透露的有效信息中，为其提供最为合适的商品。这样做不但满足了这类客户的表现欲望，又使自己不会太为难。

在这里，有一点尤其需要引起销售人员注意：专断型的客户尤其不喜欢销售人员的强制推销，当你越是热情地陈述该产品好，对方的疑心就会越重，交易就越难达成。

对于独断专行的人，最佳的合作态度是服从，因为他们有支配别人的习惯。对于这种客户，销售人员一定要有时间观念，约好什么时间谈工作就一定要按时赴约。在交谈中，思路要清晰明了，切忌拖泥带水，更不要闪烁其词或是词不达意。

需要注意的是，尽量避免与对方发生冲突的最好方法是不要和对方的观点对立或者在不恰当的时候提出反对意见，否则合作很容易失败。总之，销售人员要懂得满足对方的支配欲望，这样合作才能顺利进行。

与这种客户合作的重点在于减少与对方产生对立的机会，但是又要适当地坚持自己的立场。具体应对策略包括：

（1）要有一套完整的企划案，立场坚定，思维严谨，办事不能拖拉，要让对方明白，合作是有益处的。

（2）在其要求合理的前提下，完成其提出的任务，满足其要求。

（3）适当地满足其控制欲，以便合作双方相处愉快。

三、爱慕虚荣型顾客心理：赞美是屡试不爽的秘密武器

赞美，在一定程度上表示出说话者对受赞美者的认可和欣赏，而受赞美者能够从中获得很大的愉悦感、优越感以及成就感。

不可否认，赞美和期待具有一种能量，它能改变人的行为。当一个人获得别人的赞美时，他便感觉获得了社会支持，从而增强了自我价值，变得自信、自尊，获得一种积极向上的动力，并尽力达到对方的期待，以避免对方失望，从而获得这种社会支持的连续性。

生活中每个人都有虚荣之心，爱慕虚荣是一种很普遍的心理。比如，人们总是喜欢与有名气的亲戚和朋友套近乎；热衷于时髦服装，对时尚的流行产品比较敏感；不懂装懂，害怕别人说自己无知；当受到别人的表扬和夸赞时，沾沾自喜，扬扬得意，自我感觉良好……这种虚荣的心理在日常生活中十分常见，看似难以避免。

毫无疑问，人人内心都有一颗虚荣的种子，只要这颗种子不发芽，不损害别人的利益也就无可厚非。作为推销人员，面对顾客的这颗种子时，要真心地去赞美他们。这样做的结果是顾客逐渐放松警惕及敌意，谈话的气氛会在轻松的状态下进行。

虚荣型的顾客一般自尊心很强，比较好面子，由于天性骄傲，因此在与之合作时，只要适当地满足其虚荣心，推销即可成功。

美国商人达成交易时有一个秘诀，就是谈生意时喜欢谈顾客引以为荣的事情，他们善于把握顾客的心理：人人都喜欢听别人赞美自己，如果赞美运用得合理，顾客心里肯定极为受用。越是自傲的人，越爱听别人夸自己，奉承这一招也就越有效。因此对于商人来说，说赞美的话应该是一门很重要的功课。

“每个人都有虚荣心，每个人都喜欢被赞美，尤其是虚荣型的顾客，对赞美的要求更高。赞美的话，别人听了舒服，自己的身份也不会因此受到损害，于人于己都有好处，何乐而不为呢?”约翰说出了他生意兴隆的秘密武器。

人人都有虚荣心，但是赞美别人时要适度。若太多，就容易让顾客产生不真实感，就会使顾客对你的人格有所怀疑，从而对你产生戒备心理，赞美就会适得其反。因此赞美时要把握分寸，这样才能让顾客满心欢喜，以此达到推销的目的。

顾客之所以购买东西，除了满足日常的物质所需之外，也是对自身精神需求的满足。比如，现在的白领阶层中，有很多年轻女性流行周末到大商场疯狂购物，其实她们买的东西不一定都很实用，在很大程度上是通过购物来排解压力，获得一种心理上的放松。如果在购买过程中，不断地听到销售人员赞美自己的相貌、身材、气质、风度、职业等，内心就会获得极大的满足，从而抹掉之前的坏心情，开开心心地享受生活。

当然，如何赞美也是一门学问。最重要的是“虚实结合”，“确有其事”，理由充分。赞美别人最忌讳的就是毫无根据地奉承一个人。没影的话不仅会让这些爱慕虚荣的顾客感到莫名其妙，还会觉得你不实在，认为你是个油嘴滑舌没有品位的人，甚至会发现你的“小诡计”，这反而触发了他们的防范心理，从而导致销售工作陷入僵局。

四、内敛型顾客心理：我能否真切体会到你的真诚

内敛型的人大多性格比较封闭、不易接近，感情及思维活动更加倾向于心灵内部，感情也比较深沉，不善言辞，待人接物小心翼翼，害怕与陌生人接触，喜欢独处。反映在消费的过程当中，内敛型的顾客总会精挑细选，甚至久久拿不定主意，这样就使销售人员的工作很难开展。特别是销售人员上门推销的时候，内敛型的顾客更会提高戒备心，时时处处小心，对销售人员态度冷淡，说话甚少，致使交谈的氛围比较沉闷。

虽然内敛型顾客少言寡语，表面上看似反应迟钝，对销售人员及其推销的商品经常表现出满不在乎的神情，甚至在销售人员介绍商品时仍然不发表意见，其实他已经在认真倾听，并在心里琢磨商品的好坏。这样的顾客其实是十分细心的，只是因为他们对于陌生人有一种天生的戒备和警惕的本能，因此不会表现得十分热情，即使是对销售人员的观点表示赞同，也只会简单地应承一句，而不说太多的话。这种表象往往让销售人员感到十分地压抑，以为顾客不愿意答理自己，对自己的产品没有兴趣，从而认为交易没有希望，而主动放弃了推销。

内敛型的顾客最大的一个特点就是任凭你口若悬河、引经据典地评

说，他们依然气定神闲、无动于衷，仿佛在很认真地听你讲，但似乎又心有所想，这样的状态时常令销售人员不知所措。其实，内敛型的顾客在听你的讲述时，正在自己的心里具体分析你提供的信息。他们有自己的“小算盘”，只不过他们一时不能迅速整合销售人员提供的数据，因而思考的时间比较长。但是一旦这些顾客分析完自己掌握的数据，认为自己足够了解了销售人员推销的产品时，合作的成功性就会很大。

针对内敛型的顾客，推销专家建议在沟通过程中，讲话要富有条理性和专业性，要把合作的优点和缺点一一展示出来，提供的信息要尽量全面，要有耐心，并适时保持沉默，给顾客以足够的思考时间进行决策。

实际上，内敛型的顾客并不是冷若冰霜、难以沟通，而是在冷漠的神情之下掩盖着一颗火热的心。只要通过他的判断，觉得你比较诚恳，就会自然表达出十分的善意，等到彼此熟悉起来，他就会变得十分信任你、依赖你，甚至让你替他作决定。这种类型的顾客一般在购买过一次你的产品后，如果觉得很好，就会有下次、下下次的交易。所以，销售人员要善于观察和分析顾客，拉近彼此之间的距离。只要能够准确地把握住顾客的类型，对症下药，问题就会得到很好的解决。

在推销活动中，大部分销售人员只知道用语言向顾客描述产品，大部分的沟通活动是他们占主导，很少给顾客以思考的时间，这样的推销方法并不适用于所有顾客。面对内敛型的顾客，有时候需要用一种“温柔的”态度面对他们，只需提供详尽的信息资料，然后适时地保持沉默，给顾客和自己都留有思考和回旋的余地，合作会更容易达成。

第三篇

管理切割与营销

第五章　市场营销管理程序的切割

发现和分析市场机会

一、发现市场机会

发现市场机会是市场营销管理的首要任务。从某种意义上来说，企业的营销活动就是围绕着如何利用市场机会来进行的。一个企业如果不能经常地寻找到可以利用的市场机会并善加利用，它就很难取得发展，也就谈不上增强企业的市场竞争力了。

所谓市场机会，就是指市场上存在的某些未被满足的需要，他们可以由企业利用自己掌握的资源，将其转化为现实的需求，并提供相应的产品和服务来满足。市场机会可以分为以下几种。

（一）环境机会与公司机会

在环境变化中需求也随着发生变化，客观上存在着许多未完全满足的需要，也就是存在许多市场机会，这些市场机会是环境变化客观形成的，因此称之为环境机会。但环境机会对不同的企业来说，并不一定都是最佳机会，因为这些环境机会不一定符合企业的目标和能力，不一定能取得最大竞争优势。只有环境机会中那些符合企业目标与能力，有利于发挥企业的市场机会，才是公司机会。

（二）表面市场机会与潜在市场机会

在市场机会中，有的是明显的没有被满足的市场需求，这种未被满足的需求就称作表面市场机会；而另外一种则是隐藏在现有某种需求后面的未被满足的市场需求，称为潜在市场机会。

（三）行业市场机会与边缘市场机会

行业市场机会是指出现在本企业经营领域内的市场机会；边缘市场机会则是指在不同行业之间的交叉与结合部分出现的市场机会。

（四）目前市场机会与未来市场机会

由于目前市场上存在的未被完全满足的需求而引起的市场机会是目前市场机会；由于未来市场上可能存在的未被完全满足的需求所引起的市场机会是未来市场机会。

（五）全面市场机会与局部市场机会

全面市场机会是在大范围市场（如国际市场、全国市场）出现的未满足的需求；而局部市场机会则是在局部的市场（如某个省或某个特定地区）出现的未满足的需求。

二、分析市场机会

营销人员在仔细研究市场变化的时候，往往会发现许多市场机会，但这些机会并非都能成为本企业的发展良机。那么，哪些机会是可供企业利用的呢？这就需要营销人员对所发现的市场机会进行分析评价。分析时主要应把握以下几点。

（一）市场机会与本企业目标统一性分析

即利用该市场机会是否有利于实现企业的目标，市场机会是否符合该公司制定的宗旨。例如，国外一家公司确定本公司的宗旨是满足用于和平需要的原子能的利用、开发和制造。而在某些局部市场上出现的市场机会则是用于军事需要。显然，这些市场机会和公司宗旨是相违背的，并且还会损害公司宗旨。因此，这一市场机会就应该弃之不顾。

（二）市场机会同公司能力统一性分析

即在评价市场机会时，要尽量选择能充分发挥企业能力的机会。而在判断企业的能力时，诸如企业是否拥有利用该市场机会的资金、技术、设备、技术开发能力及经营管理能力等都是应考虑的因素。超越企业能力的市场机会，对企业来说，既不能获得充分的竞争优势，有时甚至会给企业带来损失。例如，某些建筑公司承接了超越自身能力的建筑项目，不能保质保量按期完成任务，甚至造成工程不合格，用户拒绝验收等情况，这给企业信誉带来很坏的影响。但在一般情况下，市场机会与企业能力配合得十分恰当的情况是不多见的。所以，某些市场机会虽然不能充分发挥企业能力，但仍可在企业考虑范围内，企业应尽量发展该项市场机会，以期充分利用企业的能力。

（三）企业能否获得最大的“差别利益”

即企业在利用该机会时是否比竞争者拥有更大的优势，是否能获得比竞争者更大的利益。例如，假定北京日化三厂、广州牙膏厂和沙市日化总厂都认为开发男性化妆品是一个市场机会，有意进入这一领域，究竟谁能享有最大差别的利益呢？北京日化三厂由于生产化妆品历史较长，而且该厂“奥琪”系列化妆品在消费者中的知名度和信誉均属上乘，可以说具备较好的条件。而对沙市日化总厂来说，尽管“活力28”洗涤剂在消费者中知名度很高，但该厂在化妆品领域内默默无闻。广州牙膏厂则又逊一筹，因为牙膏的专业领域更窄，该厂虽然也有“洁银”牙膏等产品享有很高知名度，但从消费者观点看，它同化妆品相去甚远。因此，在这一市场机会中，北京日化三厂能享有最大差别利益。

目标市场选择与切割

由于任何产品的市场都存在着许多具有不同需要而且分散在各地的顾客群，任何一个企业，即使是大企业一般也不可能满足所有顾客群的不同需要。这就需要企业确定自己将为满足或哪些顾客群需要服务，也就是确定明确的目标顾客。因此，企业在市场营销活动中，应把一个产品的总体市场划分成若干个具有不同需求特征的细分市场，然后对这些细分市场的需求特征分别进行评价，结合企业的目标、资源及优势等，选择其中某些细分市场作为目标市场。而且，企业还要根据自身的特点以及主要竞争者的情况，确定企业在目标市场中的合理位置，从而更好地为顾客服务，更好地实现企业目标。

在选择目标市场时有以下模式可以考虑。

一、单一市场集中化

指企业只选择一个细分市场进行集中营销。通过集中营销，企业能更清楚地了解细分市场的需求，从而树立良好的信誉，在细分市场上建立巩固的市场地位。同时企业通过生产、销售和促销的专业化分工，能提高经济效益。一旦企业在细分市场上处于领导地位，它将获得很高的投资收益。

但是，集中营销的风险比较大，一旦在特定的细分市场上失败，则整个企业都有倒闭的危险。基于这个原因，许多企业宁愿在多个细分市场上同时开展业务。

二、选择性专业化

指企业有选择地进入几个不同的细分市场，每个细分市场都具有吸引力，并且符合企业的目标和资源水平。这些细分市场之间很少或根本不发生联系，但在每一个细分市场上都可赢利。这样能分散企业的风险，即使其中一个丧失了吸引力，企业还可在其他细分市场上继续赢利。

三、产品专业化

指企业同时向几个细分市场销售一种产品。通过这种战略，企业可在特定的产品领域树立良好的信誉。

四、市场专业化

指企业集中满足某一特定顾客群的各种需求。通过在某个顾客群中树立良好的信誉，企业可以向这类顾客群推销新产品，成为有效的新产品销售渠道。

五、全面进入

指企业为所有顾客群提供他们所需要的所有产品，只有实力强大的大公司才可能采取这种方式。

营销战略的制定与切割

市场营销战略是战略业务单位为实现其营销目标而制订的总体方案，具体涉及营销组合决策和营销预算的确定。

市场营销组合，是指企业协调配套地运用各种可以控制的营销因素，如产品、价格、分销、促销等因素，形成一种最佳组合，以满足目标顾客的需要和实现企业的营销目标。市场营销组合的重要含义就在于“合理组合”。在市场营销组合中，每一个因素都存在着多种变化可能，其中任何一个因素的变化都会要求其他因素作相应变化。因此，市场营销组合的确定必须考虑各因素之间的协调。

市场营销预算一般应以目标销售额为依据来制定。首先，要分析欲实现一定的销售额和市场占有率需要的市场营销工作量，相应地需要多少营销预算；其次，要将营销总预算合理地分配给各项营销因素。

一、营销战略的实施

营销战略只有付诸实施，才能保证战略任务和目标的实现。为了有效地实施营销战略，企业应做好以下几项工作。

（1）必须设立执行战略的市场营销组织，专门从事市场营销的有关职能工作。对小企业来说，一个人可能就能做所有的营销工作，如营销研究、销售、广告、顾客服务等；而对于大企业来说，就需要找多个营销专家，如销售人员、销售管理者、销售研究者、广告人员、产品和品牌管理者、市场细分管理者以及顾客服务人员等。

（2）要有一位企业高层管理者负责协调市场营销工作，其任务有两项：一方面要合理安排营销力量，协调全体市场营销人员的工作，以保证营销工作的顺利进行；另一方面要协调与生产、财务、开发、采购和人事等职能部门的关系，促使企业各部门同心协力搞好营销工作，以满足顾客需要。

（3）要精心选择市场营销人员，并给予其相关的培训和指导，还要定期对他们进行考核与激励，要定期与下属见面以检查他们的业务，评价他们的实力，指出他们的缺点，并提出改进意见。

二、营销战略的控制

为了预防战略决策偏差和战略实施中意外事件对战略实施效果可能产生的影响，确保营销战略的实现，企业必须对战略的实施进行控制，及时发现战略制定和实施中的偏差、营销中存在的问题以及营销环境的变化等，以便采取相应的措施，包括修正其执行、计划、战略，甚至是目标。营销控制有以下三种类型。

（1）年度计划控制。主要是控制企业在年度内应实现的产出、销售、赢利和其他营销目标，包括：在年度计划中充分明确每个月或每个季度的目标；测定市场上业绩的进展情况；确定造成业绩不好的根本原因；选择矫正行动，以缩小目标与业绩之间的差距。

（2）赢利能力控制。其任务是测定产品、顾客群体、分销渠道和订货规模的实际获利能力。营销获利能力分析实际上就是用来衡量营销活动的效率如何，从而促进各种营销活动更有效率地进行。

（3）战略控制。其任务是评估公司的营销战略是否仍与市场条件相适应。

第六章　企业的发展战略的切割与营销

使命、愿景和发展目标

企业的使命是对企业终极目标的独特描述，也常常被一些企业称为企业的宗旨或信条。它力求明确企业的经营范围，将企业与其他同类型企业区别开。企业使命的表述各不相同，但一般包括对公司产品、市场和技术领域的描述以及战略决策者的价值观等。

企业的愿景是企业对其未来发展成就的一个设想，即企业对其未来形象（想成为什么）的描述。比如，有些企业要成为某一行业的技术领先者，有些则要成为行业中的最大；有些企业要跨行业经营，成为在多个行业都有卓越表现的国际大企业，有些企业则只专注于小的行业或市场空间，将其做深做透，力争成为在某一专业领域里的小超人。企业愿景常常作为一个重要的组成部分出现在企业的使命中。

企业使命规定了企业发展的总体方向和组织的基本特征，是企业确定战略目标和选择战略方案的基础。表述好的企业使命一般具有下述特征：

（1）粗细相宜，既要为企业的未来确定发展方向，又要有一定的弹性，以便在环境发生变化时调整企业的发展战略；

（2）易于沟通，有利于各职能部门和全体雇员了解和认同；

（3）具有激励作用，能够用于激励和鼓动企业员工和其他与企业利益相关的人员；

（4）符合实际，不但要充分反映企业的追求，而且是企业经过努力可以做到的。

企业的发展目标由一些指标体现，如企业的赢利能力指标，包括利润额、投资收益率、售利润率、股权收益率等；企业竞争地位指标，包括销售额、技术先进性、市场占有率、行业领导地位、产品竞争力以及研发的投入与产出等；企业业务组合与发展指标，包括新利润增长点的培育、业务的整合与重组、关键业务的发展或调整等。另外，企业内部的雇员关系、员工发展和企业对外的社会责任等，也需要设置一些指标，体现在企业的发展目标中。

对于业务单一而又不想涉足其他行业的企业而言，企业的发展目标就是其竞争目标。对于多元化的企业而言，其中的一些指标是能够也需要在不同的业务单位之间进行分解的，比如企业的赢利能力指标和企业竞争地位指标中的销售额；而另一些指标则难以在不同的业务单位之间进行分解，需要在公司层面设立，如企业内部的雇员关系、员工发展和企业对外的社会责任等。当然，还有一些指标主要是针对关键业务单位的，如企业竞争地位指标中的技术先进性、市场占有率、行业领导地位和产品竞争力。

企业的业务组合切割

大多数企业的成长过程都是由小到大，由专业化转变为多元化，由单一业务发展到多业务。如果企业只是单一业务的公司，那么其发展问题就是竞争问题，发展战略就是竞争战略，因为只要在其所在的行业竞争中胜出，它就发展了。此时，企业没有也不需要考虑业务组合问题。只有企业在由单一业务发展为多业务，业务组合才成为企业首先要考虑的战略性问题。

这里要特别注意，专业化不一定就意味着单一业务，而多业务也不一定就意味着多元化。专业化与多元化是按照企业所涉足行业的多少来划分的，而业务单位（单一业务或多业务）则是按照企业所拥有的相对独立的运营单位来划分的。

企业的业务组合不但标志着企业成长的结果，而且预示着企业未来的发展方向。企业会重点发展那些有市场潜力、有竞争优势的业务，而淘汰那些市场潜力不大，或者没有竞争优势的业务。

企业业务组合分析的工具主要是波士顿矩阵。它使用销售增长率和相对市场占有率，对企业各个经营单位加以分类和评估，如下图所示。

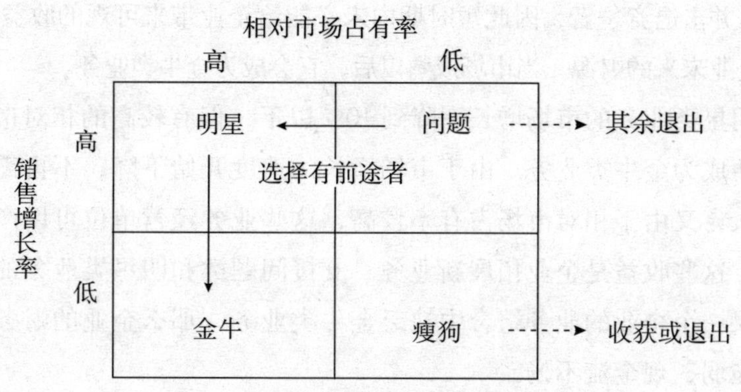

企业业务组合分析的波士顿矩阵

在上图中，纵坐标代表销售增长率，可以以年为单位。销售增长率的高低可依具体情况来确定。假设以 10% 为分界线，高于 10% 为高增长率，否则为低增长率。横坐标为相对市场占有率，表示各经营单位与其最大的竞争者之间在市场占有率方面的比率。企业某经营单位的相对市场占有率为 0.1，说明它的市场占有率为最大竞争者的 10%；若市场占有率为 10，则说明它是市场领先者且市场占有率为最大竞争者（市场第二位）的 10 倍。以 1.0 为分界线，大于 1.0 为高的相对市场占有率，小于 1.0 则为低的相对市场占有率。当然，企业也可以根据行业特色和自己的实际需要，确定更适用的相对市场占有率作为分界线。比如，以 0.5 为分界线，大于 0.5 为高的相对市场占有率，小于 0.5 则为低的相对市场占有率。

矩阵有四个象限，根据销售增长率和市场占有率的高低，经营单位分别划入不同的类型：问题类业务、明星类业务、金牛类业务和瘦狗类业务。

问题类业务有较高的销售增长率、较低的相对市场占有率。企业大多数业务经营单位最初都处于这一象限。为了追赶较大的竞争者和适应市场迅速增长的需要，这类业务需要较多的资源投入。但是它们前途未卜，未来难以确定。对于这类业务，企业一般会精选一些有发展前途的，加大投入，其余的则视具体情况或维持现状，或减少投入，或淘汰掉。

问题类业务如果经营成功，就会成为销售增长率和相对市场占有率都高的明星类业务。明星类业务需要大量的资源投入，以保证业务发展跟上市场的不断扩大，并击退竞争者，因此短时期内未必能给企业带来可观的收益。但是，它们是企业未来的财源。当市场成熟以后，它会成为金牛类业务。

当明星类业务的市场增长率降到10%以下，但有较高的相对市场占有率时，便成为金牛类业务。由于市场增长的速度开始下降，不再需要大量资源投入，又由于相对市场占有率较高，这些业务经营单位可以产生较高的收益。这些收益是企业拓展新业务、支援问题类和明星类业务的资金来源。如果一个企业的业务组合中缺乏金牛类业务，那么企业的财务状况就会比较脆弱，现金流不畅。

瘦狗类业务是销售增长率和相对市场占有率都较低的业务经营单位。它们也许还能提供一些收益，但赢利甚少或有亏损，一般难以再度成为“财源”。它们常常被企业视为“鸡肋”，食之无味，弃之可惜。如果一个企业的业务组合中有较多的瘦狗类业务，则说明企业的整体情况不佳，急需对企业的业务经营单位进行重组。

企业的核心能力及发展方向

一、企业的核心能力

核心能力是指组织或企业整体的学习过程和能力，特别是协调各种生产技能和整合各种技术要素的能力。它是无形的，来源于企业经验和知识的积累，同时也是非衰减的，不会随着应用而消失。

核心能力是企业竞争优势形成的一个重要基础，而且据此形成的竞争优势具有非完全可模仿、非完全可替代和非完全可交换的特点，因此是可持续的。

然而，根据马基兹和威廉森的观点，核心能力只是企业可持续竞争优势的根源，而不是直接原因，在企业核心能力和企业可持续竞争优势之间还有一个中间环节，这就是企业的战略资源。

1994年，在研究企业多元化战略时，基于企业核心能力的概念，他们提出了企业战略资源的概念，即企业在某一特定市场上形成成本或特色优势的资源组合，这一资源组合是非完全可模仿、非完全可替代和非完全可交换的。这使得形成于战略资源的竞争优势是相对的可假设企业有两种核心能力，如创新能力和整合能力；针对4个不同市场，即企业同时在4个行业从事生产经营活动。在两种核心能力基础上，企业整合各种有形的、无形的资源，形成了以4个不同市场为指向的不同的战略资源组合。这些战略资源组合为企业在各个不同的市场上带来了成本优势或特色优势。虽然每一种战略资源组合的内容各异，但是它们有一个共同的特点，即它们都有两种核心能力的"基因"。这使企业在各个市场上的竞争优势一旦形成，就是可持续的。即使一些竞争者学习企业的一些做法，也只是学到了形式或皮毛，而不具有该企业竞争优势的精髓——内涵着核心能力"基因"的竞争优势。

根据马基兹和威廉森的观点，如果企业有某方面很强的核心能力，尤其是管理者的资源整合能力，那么就可能同时在多个不同的行业具有很强的竞争实力和卓越的表现。

二、企业的发展方向

企业确定业务组合的过程，就是选择企业未来发展方向的过程。一旦业务组合确定以后，企业就明确了应该重点发展哪些业务，应该逐步淘汰哪些业务，企业的未来发展方向也就确定了。

根据安索夫的观点，企业的发展方向有四大类：集中增长、市场开发、产品开发和多元化发展。下表显示了它们各自的内涵以及它们之间的区别。

企业的发展方向示意

	原有产品或服务	新产品或服务
原有市场	**集中增长** 增加现有顾客的使用率 吸引竞争者的顾客 吸引未使用者使用	**产品开发** 新的功能或特色 不同系列的产品或服务 进入其他行业
新市场	**市场开发** 开发新的区域市场 向其他的细分市场渗透	**多元化发展** 新市场上新的功能或特色 新市场上不同系列的产品或服务 新市场内进入其他行业

集中增长战略是企业通过向原有的市场提供原有的产品或服务来发展。具体的方法是增加现有顾客的使用率，吸引竞争者的顾客使用本企业的产品或服务，或者吸引未使用者使用企业的产品或服务。

产品开发战略是企业通过用新的产品或服务满足原有市场的需求而获得自身发展。具体的方法是：

（1）为原有市场提供具有新功能的产品或新特色的服务；

（2）为原有市场提供不同系列的产品或服务；

（3）进入其他行业，进行市场相关的多元化，即企业从事的新业务虽然与以前不同，但是其服务的顾客是相同的。

市场开发战略是企业通过向新的市场提供原有的产品或服务来发展。具体的方法是开发新的区域市场和向其他的细分市场渗透。

多元化发展战略是企业通过向新的市场提供新的产品和服务来发展。具体的方法是：

（1）为新的市场提供具有新功能的产品或新特色的服务；

（2）为新的市场提供不同系列的产品或服务；

（3）新市场内进入其他行业，多元化发展。

在企业的四大类发展战略中，集中增长战略对应于专业化，可以获得规模经济；其他三种战略都在一定程度上有多元化的成分，可以获得范围经济以及协同效应（synergy）。

第七章　市场营销中竞争的切割

竞争环境切割

竞争环境分析是企业选择竞争必需的前期准备工作。外部环境和竞争状况分析也是企业把握未来生存与发展机会的关键。

竞争环境分析的主要方法包括 SWOT 分析法和行业五种竞争力分析等。

企业的市场竞争主要是在其所在行业内，相关行业之间和行业相关市场范围进行的竞争。按照哈佛商学院迈克尔·波特提出的“五力竞争模型”理论，行业竞争环境主要由行业现有竞争对手、潜在竞争对手、买方议价能力、供应商议价能力和潜在替代品竞争五种主要力量构成，具体可参见图 7－1。

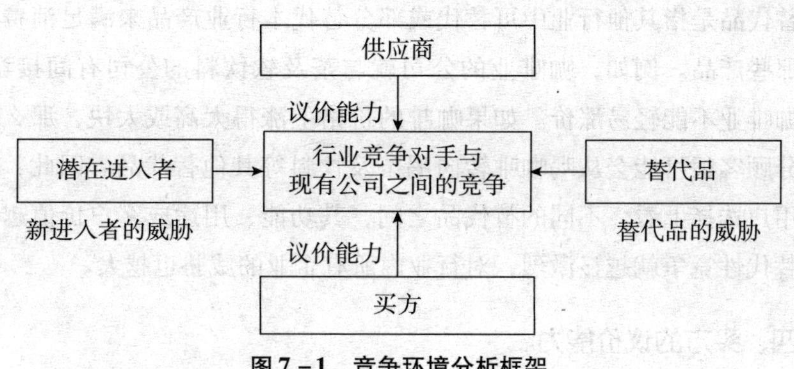

图 7－1　竞争环境分析框架

一、行业内现有竞争者

通常，行业的竞争状况和获利能力主要是由行业内企业相互间的竞争所决定的。行业内竞争程度往往也决定了该行业的吸引力与发展潜力。影响行业内现有企业之间竞争的性质与强度的主要因素包括行业的集中度、竞争对手的差异性、产品差异性、过剩生产能力、退出壁垒以及成本状况等。例如，生产集中程度较低的行业往往以价格竞争为主，企业间的价格战略常常连续不断，相反，生产集中程度较高的行业，通常会较多或经常地把非价格竞争作为主要竞争手段。

二、潜在竞争者

潜在竞争者是行业竞争的潜在或可能的加入者。有条件并有能力加入行业中的企业越多，对行业内现有企业的市场份额和获取利润的空间产生的冲击与威胁就越大。因此，现有企业通常会努力阻止潜在竞争者的进入。影响潜在竞争者进入的壁垒主要有行业用户的品牌忠诚度、进入资本的需求规模、规模经济优势、成本优势、产品差异性、可利用分销渠道以及国家法律和政府法规限制等。

三、替代品的威胁

替代品是指其他行业中可替代或部分替代本行业产品来满足消费者需求的那些产品。例如，咖啡业的公司就与茶及软饮料的公司有间接竞争，使得咖啡业不能轻易涨价。如果咖啡的价格上涨得太高或太快，那么咖啡的部分顾客很可能会从喝咖啡转向喝茶及饮料等其他替代品。因此，从顾客或用户选择上看，不同的替代品之间，其功能、用途或客户价值越是接近，替代性竞争就越显激烈，对行业内所有企业的威胁也越大。

四、买方的议价能力

买方的议价能力是影响行业竞争的主要力量之一。主要表现在：当买方有能力迫使价格下跌或他们要求更高的质量和更好的服务时，买方就具有强大的讨价还价能力，并对行业竞争产生巨大压力。例如，在汽车零配件供应行业，供应商数量众多且多数规模较小，而他们的主要顾客——汽车制造商，数量少且规模大。汽车业“巨头们”利用自身的优势，使供应商互相竞争而迫使其零配件价格下跌且质量提高。如果一个供应商反抗，巨头们往往会施加威胁，以选择其他供应商作为讨价还价的工具。

五、供应商的议价能力

供应商对行业的威胁主要来自供应商的讨价还价能力。如果供应商处于强势地位，就会经常提出提价，要求降低提供物供应标准或减少服务并迫使公司接受。从公司角度看，供应商对公司提出要求的能力依赖于他们对公司的影响力。例如，石油行业属于资源稀缺型行业，更多的石油加工企业依赖于石油提供方的资源提供，这时石油提供企业就具有很强的讨价还价能力，往往会迫使买方提高采购价格并使其利润有所减少。

竞争者的划分与切割

竞争者分析是竞争环境分析的重要内容。公司在制订营销战略和营销计划时，必须在分析竞争环境的基础上对竞争者进行全面或重点分析，通过与主要竞争对手比较，识别公司潜在或已有的竞争优势和劣势，以及在行业市场中面临的机会与威胁。主要内容包括识别竞争者、分析竞争者和选择竞争者，如图 7－2 所示。

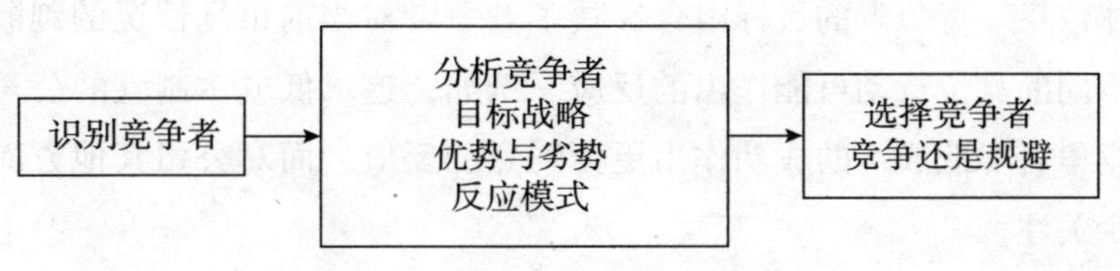

图 7－2　竞争者分析的主要过程

一、识别竞争者

公司通常把为同一细分市场顾客提供相似产品和服务的公司看做是主要竞争对手或品牌竞争者。例如，饮料业的可口可乐把百事可乐作为主要竞争者、汽车业的丰田公司把本田公司作为主要竞争者等。公司面对的竞争者的范围可能更广，会扩展到所有提供相似产品或者相同档次产品的公司范围。

竞争者近视症，即公司认为竞争威胁只来自行业内现有的竞争者，而忽视了相关行业的潜在竞争者。例如，柯达一直在胶卷行业舒服地占据着领导地位，富士无疑是它同行业中的主要竞争者。然而，现今柯达面对的主要竞争威胁却是来自索尼、佳能和其他数码相机制造商，因为数码相机对使用胶卷的光学相机有很强的替代作用。

树立良好的市场竞争观念，全面洞悉市场可能遇到的各种冲击，能够帮助公司在最广阔的范围内识别现有的和潜在的竞争者。

二、分析竞争者

识别出主要竞争者之后，营销者面临的问题就是如何具体分析竞争者，找出对本公司产生的主要威胁，以及制定相应的战略与战术。分析竞争者的主要内容包括：识别竞争者的主要目标、识别竞争者的战略、分析竞争者的优势与劣势以及它们对公司采取行动的可能反应等。

（一）识别竞争者的主要目标

分析与确定竞争者的主要目标，首先需要了解竞争者的当期利润、市场份额增长、现金流、技术、服务和其他目标等对竞争者具有相对重要性的具体信息。竞争者的目标组合反映了竞争者对当前市场情况的判断，以及对不同的竞争行动可能作出的反应。例如，追求低成本制胜的公司可能会对竞争者降低成本的成功作出更为强烈的反应，而对公司其他方面的变化较少关注。

（二）识别竞争者的战略

竞争者的战略同样会影响企业的战略制定。通常，企业可以根据竞争者所采取的战略，把它们分成不同的类别，即所谓的战略集团。战略集团是指在行业内的既定目标市场上遵循相同或相似战略的一组公司或公司集合。识别战略集团，可以使公司发现很多潜在的有价值的信息。当一家公司进入一个战略集团，那么该集团中的其他成员则可能成为它的主要竞争对手。

识别行业内战略集团的主要考虑因素包括竞争者的产品质量与特色、产品组合、顾客服务、定价政策、分销网络、销售团队战略、广告与销售促进策略、竞争者的研发能力、相应的生产制造、采购、融资战略和其他战略等。

（三）分析竞争者的优势和劣势

分析主要竞争对手的优势与劣势，并与本企业的优势与劣势加以比较，找出强于竞争者的优势因素及突破点。通常包括两个步骤：

首先，公司要收集主要竞争者在过去若干年中的有关目标、战略和业绩等方面的数据，例如市场份额、市场占有率、市场覆盖范围等。

其次，公司需要收集一些二手数据等信息，进一步了解竞争者的优、劣势，也可以通过对消费者、供应商和经销商的数据进行评估。

（四）分析并预测竞争者的可能反应

公司分析与预测竞争者的反应，主要涉及竞争者对公司战略与战术所采取的具体反应与行动，可以参考竞争者的目标、战略、优势、劣势和过去反应习惯等进行分析，这些因素可能隐含着竞争者将会作出的一些竞争性反应活动。

竞争者的反应常常有很大差异。有些公司不会采取迅速、有力的措施来反击竞争者的行动，或因顾客忠诚度高，或因缺乏反击所需要的资源，只对某些行动作出反应，而对其他的行动并不在意。有些竞争者对任何行动都能作出快速有力的反击。竞争者也可能希望维持一种相对和谐的关系，或继续进行激烈的竞争。

基本竞争战略及其选择

每个企业都会面对不同的外部机会与威胁，不同的内在优势与劣势等。迈克尔·波特提出了两种可以实现突出业绩的途径，即成本领先战略和差异化战略，以及由此派生的集中化战略等。

一、成本领先战略

实施成本领先战略的目标是使企业在同行业中的生产成本及其他相关成本最低，进而在市场竞争中处于成本优势地位。如果企业能够提供较高质量的产品和服务，而其成本明显低于行业平均水平和主要竞争者，就会赢得相应较高的利润。

开发和实施成本优势战略有多种途径，包括规模经济、专有技术、低成本的原材料供应来源等。例如，在空调业中，实施低成本战略要求有足够和适当大的制造规模、低成本设计、自动装配线、足够大的市场覆盖范围和相对较高的市场份额，以及有利的分摊研究与开发费用的途径等。在劳动密集型的服务业中，成本优势要求有较低的管理费用、廉价的雇员和针对人员高流动性所设置的高效率的培训系统等。

成本领先者在成功实施成本领先战略时，不能忽视其他战略的配合使用。实施成本领先战略往往会存在以下风险：

（1）过分地强调效率和“标准化”产品，会导致企业忽视顾客需求的转变，特别是许多行业的顾客需求已变得更加复杂、个性化时，这种危险性就更加突出。

（2）如果公司同时面对几个实力较为接近的竞争对手且行业竞争表现出“死拼”价格，那么结果可能是“几败俱伤”。

（3）一些低成本的方法容易被仿效。如果企业的产品无法让消费者接受，那么即使企业是成本领先者，也不得不为了增加销量而被迫降价，有时还会抵消低成本优势所带来的收益。

一个行业的市场需求和利润规模是有限的，这就决定了企业取得成本优势而获得高额利润的机会也是有限的。通常，企业只有抢先占领市场才有可能将成本优势变为市场优势。

二、差异化战略

差异化战略的总体目标是凭借企业产品或服务区别于竞争者产品和品

牌的差别优势，刺激、吸引和维持更多消费者进行购买，提高公司顾客的品牌忠诚度，并吸引竞争者顾客、扩大市场销售和增加市场份额等。

差异化战略要求企业在满足消费者个性需求等方面独树一帜，使消费者不仅重视价格高低，更重视从产品的独特优势中获得更大利益。实施差异化战略的主要途径包括产品差异化、服务差异化、分销系统差异化、人员差异化和企业形象差异化等。其关键因素是理解消费者的需求，了解消费者真正重视的差异化因素。能够被目标市场顾客高度认知和认同的差异化战略，常常能让公司从产品溢价中获得高于行业平均水平的较高利润率。

（一）实施差异化战略的优势

（1）差异化使公司产品与竞争对手相区别，容易使消费者因依赖某种品牌而降低对价格的敏感度，使企业从产品溢价中取得更多的利润，同时增加其他企业的进入障碍。

（2）差异化使购买者在对不同品牌的差异化特征进行比较时，更多看重产品差异，从而减弱了其讨价还价的能力。

（3）具有差异化优势的企业，可以更好地应对来自替代品方面的威胁，比竞争者具有更大的优势。

差异化战略要求企业选择并提供那些有利于顾客的价值要素。如果企业希望获得溢价效应，就必须在现有顾客和潜在顾客更多关注的差异性因素上做更多努力。

（二）实施差异化战略的风险

（1）一些企业实施的差异化战略容易被竞争对手模仿，当几个竞争者之间的差异化特征较为接近时，就较容易演变为价格竞争。

（2）差异化战略是以持续不断的产品创新为基础的，企业要想维持长久的差异化优势，就必须不断地进行产品研发或市场改进，这往往需要支付巨大的研究开发和营销费用。

（3）单方面实施差异化战略可能忽视了差异化成本增加的影响，过高差异化成本可能会抵消公司利润的增加部分。

因此，实施差异化战略的企业同样也需要考虑降低成本的要求。

三、集中化战略

集中化战略是指企业寻找行业内一个或一组较少的细分市场作为目标市场，并集中公司的主要资源为选定的目标市场提供差异化或低成本的产品或服务的战略。集中化战略强调战略制定只为选定的目标市场服务，将有限的资源和主要优势用于特定目标市场的开发和满足。通过为目标市场进行合理的战略组合优化，寻求在选定目标市场上的相对或绝对竞争优势。

企业实现集中化战略有两种主要方式，即在低成本战略的指导下寻求其在目标市场上的成本优势和在差异化战略的指导下寻求其在目标市场上的差异化优势。这两种形式的实现都以在目标市场内与行业中的主要竞争对手的差异化为基础。

成本集中化战略是在细分市场的成本中寻找差异，而差异集中化战略则是找出细分市场上消费者的特殊需求，然后以更有效的方式予以满足。拥有多个细分市场的竞争者往往不能更有效地服务于一些特殊的细分市场，因此，实行集中化战略的企业更容易在专门服务于这些细分市场的过程中获得竞争优势。例如，七喜饮料主要通过实施差异集中化战略，在与强大竞争对手可口可乐与百事可乐的竞争中取得了较为理想的结果。

第八章　客户关系切割式管理

客户关系生命周期切割式管理

一、客户关系生命周期

企业客户关系管理的核心主要涉及两个层面的问题：客户价值和客户关系生命周期。客户关系生命周期理论的基本内容包括客户关系生命周期的阶段划分、客户关系生命周期的各阶段的特点及客户关系生命周期理论的应用。

（一）客户关系生命周期理论

在企业管理实践中，企业常常会思考，客户关系发展中是否呈现生命周期的现象？企业投入维系客户关系的资源与真正的客户反应之间有没有密切的关联？当企业相信这种投资可以达到自己的目标时，企业就会寻求与消费者、客户及供应商确立和维持特定的关系。人们往往会用生命周期的概念来描述这样的关系。一般来说，企业与客户关系的发展和巩固过程大致会经过这样的过程：企业通过识别客户的需求，采用特定的营销手段来吸引客户的注意，使得客户逐渐对企业及企业提供的产品或服务形成一种知晓。

在持续认知的基础上，客户开始考虑是否购买企业的产品或服务，关系进入了探测阶段。在探测阶段，参与者尝试吸引对方的注意，讨价还价，理解对方的期望、规范和权力。一旦客户决定购买该企业的产品或服务，那么潜在的客户就成为实际的客户。如果企业能够实现有效的挽留，则客户会不断地选择购买该企业的产品，关系得以长期延续并不断拓展。相应地，企业对特定客户的关系投入也不断增加。

（二）客户关系生命周期的内涵

在传统的市场营销理论中，有关生命周期的观点多以产品生命周期及客户生命周期发展最为成熟。客户生命周期，也称客户关系生命周期，是指从企业与客户建立业务关系到完全终止关系的全过程，是客户关系水平随时间变化的发展轨迹。它动态地描述了客户关系在不同阶段的总体特征。客户生命周期可分为考察期、形成期、稳定期和退化期四个阶段。考察期是客户关系的孕育期，形成期是客户关系的快速发展阶段，稳定期是客户关系的成熟期和理想阶段，退化期是客户关系水平发生逆转的阶段。

二、客户关系生命周期的切割

在客户关系的不同生命周期阶段，客户的关注重点和企业的管理是存在差异的。一般而言，考察期的客户群往往关注商品品牌的丰富性，产品与服务质量，企业对商品、服务或价格的价值观认识的一致性，以及提供商品以外的免费服务等非物质利益；形成期的客户群一般重视商品品牌的丰富性、产品与服务质量及提供商品以外的免费服务等；稳定期的客户群对商品品牌的丰富性、间接的互动和沟通接触等方面十分关注；退化期是客户关系水平逆转的阶段，客户可能开始关注其他企业的品牌产品。

三、客户生命周期各阶段特征

客户关系具有明显的周期特征的观点早已被一些学者提出，并且随着对客户关系动态特征重要性认识的不断加强，客户关系生命周期的研究和应用已开始引起越来越多的学者的兴趣。大多数学者将客户关系的发展划分为考察期、形成期、稳定期和退化期四个阶段。

1. 考察期

考察期是客户关系的探索和试验阶段。在这一阶段，信任与投入程度都相对较低，追求消费习性的一致性和心理品位的一致性。双方相互了解不足、不确定性大是考察期的基本特征。评估对方的潜在价值和降低不确定性是这一阶段的中心目标。在这一阶段，客户会下一些尝试性的订单，企业与客户开始交流并建立联系。因客户需要了解企业的业务，因此企业要对其业务予以相应的解答。某一特定区域内的所有客户均是潜在客户，企业投入是对所有客户进行调研，以便确定可开发的目标客户。此时企业有客户关系投入成本，但客户尚未对企业作出大的贡献。

2. 形成期

形成期是关系的快速发展阶段。双方关系能进入这一阶段，表明在考察期双方相互满意，并建立了一定的相互信任和依赖。在这一阶段，双方从关系中获得的回报日趋增多，依赖的范围和深度也日益增加，双方逐渐认识到对方有能力提供令自己满意的价值或利益，并愿意履行其在关系中担负的职责，因此愿意承诺一种长期关系。在这一阶段，随着双方了解和信任的不断加深，关系日趋成熟，双方的风险承受意愿增加，由此双方交易不断增加。当企业对目标客户开发成功后，客户已经与企业发生业务往来，且业务在逐步扩大，此时已进入客户成长期。企业的投入与考察期相比要小得多，主要是发展投入，目的是进一步融洽与客户的关系，提高客户的满意度、忠诚度，进一步扩大交易量。此时客户已经开始为企业作贡献，企业从客户交易获得的收入已经大于投入，开始赢利。

3. 稳定期

稳定期是关系发展的最高阶段。在这一阶段，双方或含蓄或明确地对持续长期关系做了保证。这一阶段的特征有：双方对对方提供的价值高度满意；为能长期维持稳定的关系，双方都做了大量有形和无形投入；大量的交易。

因此，在这一时期双方的交互依赖水平达到整个关系发展过程中的最高点，双方关系处于一种相对稳定状态。此时企业的投入较少，客户为企业作出较大的贡献，企业与客户交易量处于较高的赢利时期。

4. 退化期

退化期是关系发展过程中关系水平逆转的阶段。关系的退化并不总是发生在稳定期后的第四阶段，实际上，在任何一个阶段关系都可能退化。引起关系退化的可能原因很多，如一方或双方经历了一些不满意或需求发生变化等。退化期的主要特征有：交易量下降；一方或双方正在考虑结束关系甚至物色候选关系伙伴（供应商或客户）；开始交流结束关系的意图等。当客户与企业的业务交易量逐渐下降或急剧下降，客户自身的总业务量并未下降时，说明客户已进入衰退期。

此时，企业有两种选择：一种是加大对客户的投入，重新恢复与客户的关系，进行客户关系的二次开发；另一种便是不再做过多的投入，渐渐放弃这些客户。这两种不同做法会产生不同的投入产出效益。当企业的客户不再与企业发生业务关系，且企业与客户之间的债权债务关系已经理清时，意味着客户生命周期的完全终止。此时企业有少许成本支出而无收益。

四、企业在客户关系生命周期各阶段的切割式管理

在客户生命周期不同阶段，客户对企业收益的贡献是不同的，管理的重点也不同。

在考察期，企业只能获得基本的利益，客户对企业的贡献不大。客户在此阶段重视商品品牌的丰富性，重视产品与服务质量，比较看重双方对商品、服务或价格的价值观认知的一致性。对于企业来说，要为客户提供商品以外的免费服务等非物质利益。

在形成期，客户开始为企业作贡献，企业从客户交易获得的收入大于投入，开始赢利。在此阶段，客户在行为和心理方面明显高于考察期的信任程度，客户与企业的关系开始进入平稳状态，愿意进行尝试性购买。企业应重视与客户间接的互动与沟通的接触机会。

在稳定期，客户愿意支付较高的价格，带给企业的利润较大，而且由于客户忠诚度的提高，企业将获得良好的间接收益。在此阶段，双方关系建立最长久，心理与行为都表现出很高的客户忠诚，关系强度最高，客户对商品和企业形成了高度的信任，客户比较重视人员服务。企业应重视与客户的间接接触和沟通，为客户提供商品以外的免费服务等非物质利益。

在退化期，客户对企业提供的价值不满意，交易量回落，企业利润快

速下降。有些客户有尝试做出改变的心理，消费行为可能有妥协的倾向，客户有转换供应商的打算。

根据客户生命周期理论，客户关系水平随着时间的推移，从考察期到形成期和稳定期直至退化期依次增高，稳定期是理想阶段，而且客户关系的发展具有不可跳跃性。同时，企业利润随着客户生命周期的发展不断提高，考察期最小，形成期次之，稳定期最大。因此，面对激烈的市场竞争，企业应借助建立客户联盟，针对客户生命周期的不同特点提供相应的个性化服务，进行不同的资源投入，使企业获得更多的客户价值，从而增强企业竞争力。

五、客户生命周期各阶段的客户特点

从客户成为企业的潜在客户开始，其生命周期就开始了，客户服务的目的就是使这个生命周期不断延续下去，使这个客户成为忠诚的客户。对客户生命周期的划分，可进一步分析客户生命周期阶段的特点。

（一）潜在客户阶段的特点

最初，当一个客户在询问企业的业务时，他就表现出对该业务的兴趣，自然成了该企业的潜在客户。他们的特征就是询问。

在这个阶段，客户由于需求产生了需求意识。当客户对某种产品或服务的需求意识产生之后，就会对有关这种产品或服务的各种信息感兴趣，继而通过媒体的广告、商品的展示、他人的推介、本人的经历等多种途径去收集信息，为自己的购买决策提供依据。然后客户将收集到的各种信息进行处理，包括对不同企业生产或提供的同类产品或服务进行相互对比、分析和评估。此时，客户最需要的就是建立对企业业务或产品的信心，其对业务或产品的信任程度或认可程度决定了他上升为新客户的可能性，但也可能就此丧失信心，从而会令企业失去这个客户。以下一些因素对客户进入下一阶段有影响：

（1）外界评价。对该企业业务评价的高低将会影响客户对企业业务的信心和兴趣。

（2）客户的层次。客户所属的层次越高，对企业业务了解得越多，就越能明确自己的行为，受到外界的影响就越少，更易在询问之后确定使用。

（3）客户的所属行业。客户的行业与企业业务有联系，会在一定程度上有助于客户了解他所选择的业务，并及时做出结论。

（二）新客户阶段的特点

当客户经过需求意识阶段、信息收集阶段、评估选择阶段后，对企业业务有所了解，或者在别人的推荐和介绍之下会将某种产品和服务的期望同属于自己的价值观念密切联系在一起，决定使用或者购买某一企业的某个产品或服务时，他就由潜在客户上升为新客户。

在这个阶段，客户还是需要逐步培养对该企业业务和产品的信心和信任感，同时，也为他继续使用该企业业务进而使用更多业务奠定基础。对新客户的呵护和培养，是让新客户继续消费产品，是客户生命周期的前提。此时客户的购买经历、使用体验以及对这次购买的价值评判产生了客户对质量的实际感受和认知（即客户对质量的感知）；对所支付的费用和所达到的实际收益的体验（即客户对价值的感知）将影响客户进入下一个时期。以下几个因素对新客户有影响：

1. 客户对产品质量的感知

对产品质量的感知包括对产品功能的感知和对产品形式的感知。如果这两方面都满足客户对产品的功能和形式需求，客户就会继续使用这种产品和服务，实现客户的升级；如果无法满足，客户就可能转向其他企业。

2. 客户对产品服务质量的感知

对服务质量的感知是指客户在产品购买和使用过程中对外延需求方面满足程度的感受和认知。通常由服务满足个人需求的程度、服务的可靠性和对服务质量的总体评价三方面组成。如果企业对客户的服务效果很好，就会满足客户的情感需求，就可能延长客户的使用周期；反之亦然。

3. 客户对价值的感知

客户对价值的感知是指客户在购买和消费产品或服务过程中，对所支付的费用和所达到的实际收益的体验。客户感知的价值核心是价格，但不仅仅是价格。从广义角度考虑，客户对价值的感知体现在三个方面：客户总成本的感知、质量与价格之比的感知以及价格与质量之比的感知。客户对价值的感知会使客户考虑这次购买是否值得，如果值得，会产生下次购买；反之，则不会购买。客户的价值感知取决于客户的价值取向，而处在不同需求层面的客户自身的价值观念又影响着客户的价值取向。

4. 企业竞争者的资费信息

如果竞争者提出更适合客户的资费信息，可能使客户在使用产品之后很短的时间就转向新的企业。

5. 客户需求的情况

如果客户的需求在此期间上升，现有的企业业务无法满足需求，客户就可能转向新的竞争对手。

（三）老客户阶段的特点

在这个阶段，用户对企业有了基本的信任感，使用该企业的业务也持续了一段时间，从而成了该企业业务的老客户。这时候，用户的满意度、忠诚度和信用度是企业关心的焦点，这意味着能否将此客户发展成为忠诚客户，争取更多的客户钱包份额，同时能否让他在有或还没有使用本企业新业务的需求之下，对新的业务感兴趣，通过交叉销售扩展客户的营利性。影响老客户的因素主要有：

1. 企业的服务情况

企业持续、良好的客户服务有助于保持老客户，因为这个时期最重要的是情感上的满足，客户服务的具体和详尽程度可以决定客户日后的选择。

2. 客户新的业务需求

如果客户有新的业务需求，并且这项需求该企业可以提供，客户极有可能仍然选择现有的企业，进而实现客户的升级。

3. 企业竞争者的信息

如果竞争者会提供更为质优价廉的服务和业务，那么客户是否转向同样存在风险。

（四）新业务的新客户阶段的特点

这里所指的新业务的新客户，是由原来的老客户发展而来的，即原有的老客户由于建立起对该企业业务的信任感，进而使用了该企业的新业务，这时的使用是建立在一种相互的信任上，不同于一个纯粹新客户对新业务的接受。影响新业务的新客户的因素主要是：

1. 老业务的运行情况

如果业务运行得不尽如人意，就可能影响客户对新业务的信心，使生命周期运行到此就中断。

2. 新业务的发展情况

新业务的发展好坏影响着客户对企业的信心，也会影响客户继续使用的决心。

3. 客户的满意程度

在这个阶段，客户是在进行一项尝试，如果客户对此不满意，就可能终止生命周期的继续。

4. 企业的发展状况

在这个时期，客户一般都愿意与企业建立长期的合作关系，如果企业的发展状况达不到客户的预期和期望，客户就可能转向他认为更有前途的运营商。

当客户进入这一阶段时，客户的生命周期就进入了循环阶段，客户的潜力也被发挥得淋漓尽致，延长了客户的使用期，从而保持了客户，节约了成本。当然，这种生命周期的划分可能会有交叠的部分，企业客户服务的目的就是要使客户在接受企业服务的那一天，或是在有这种需求的开始，就能持续不断地沿着这种生命周期发展，从而节约成本，创造更多的利润。

总之，在整个生命周期中，各个环节的各个因素互相作用和影响，对客户产生着综合的作用。无论是内部还是外部的信息，都会对客户是否持续他的生命周期有影响。客户是从整体的效果和发展状况来考虑持续的必要性和营利性，只有在客户认为这是个双赢的状态和服务满足需求的情况下，客户的生命周期才可以延续下去，使得企业降低成本，获得赢利。面对激烈的市场竞争，企业必须了解和掌握客户生命周期不同阶段的消费行为和特点，从而制定出适合不同阶段的个性化服务，提高客户的忠诚度和满意度，为企业带来丰厚的利润和利润的上升空间。

客户价值切割式管理

一、客户价值及其构成

（一）客户价值概述

顾客常常是按照自己的判断，从自己认为能够提供最高客户价值的供应商那里购买产品。顾客很少会为选择某一产品去做相对专业、客观的产品评价。客户价值，实际上在多数情况下是一种顾客感知的价值。不同顾客对同一产品可能作出完全不同的价值判断，也说明了顾客价值的感知性质。

所谓顾客感知价值，或简称客户价值，是指相对于竞争者，顾客对一种营销供给物的总价值与总成本之差所作出的评价或预期。

例如，“联想”品牌的笔记本电脑，就可能意味着为顾客提供了较多的“价值”或利益，其中既包括“硬件”的价值，也包括“软件”的利益。当顾客将这台“联想”笔记本电脑与另一台比如“神州”笔记本电脑比较时，发现同样硬件配置的电脑，后者的价格可能明显低于前者。然而，这并不意味着顾客就一定会选择后者或者放弃前者。顾客往往会从两个产品“硬件”的品质、性能、服务甚至品牌价值等获得的总利益或总价值，与其支付的全部成本，包括货币成本及非货币成本等加以比较，并从中选择其认为顾客总价值大于顾客总成本更多的，即顾客感知价值较高的产品。

那么，在主观性明显的客户价值判断和由此决定的选择面前，企业是否无能为力而只能听“天”由命了呢？实际上并非如此。顾客的价值判断在个别顾客那里是主观的，且差别可能很大，但在许多顾客的价值判断中，其平均值会越来越接近真实的客户价值。并且，这种具有客观性的平均的客户价值感知水平，由企业自己提供的顾客总价值和要求顾客支付的总成本之间的差额决定，因此，企业是可以影响或者改变客户价值的。

（二）顾客总价值与总成本的构成

顾客总价值，就是顾客期望或实际从某一特定产品或服务中获得的总利益。顾客总成本，则是顾客在搜寻、评估、获得和使用该产品或服务时所引起的预计费用或实际费用的总和，即客户价值（顾客感知价值）=顾客总价值－顾客总成本。

顾客总价值是顾客从企业提供的产品或服务中获得的全部利益。它由产品价值、服务价值、人员价值和形象价值四个部分构成。第一，产品价值是由产品的质量、功能、规格、式样等因素所产生的价值。它是满足顾客需求的基础。第二，服务价值是企业向顾客提供服务所产生的价值，是满足顾客、建立顾客满意和忠诚的重要因素。第三，人员价值是指企业员工的经营思想、知识和专业知识水平、业务能力、工作效率与质量、经营作风以及应变能力等所产生的价值。人员价值对顾客获得的总价值和顾客忠诚度有重要影响。第四，形象价值是指企业及其产品在顾客及公众中形成的总体形象所产生的价值。

顾客总成本是顾客为获得总价值而付出的全部费用、辛劳和麻烦的总和。主要包括四个方面：第一，货币成本，指顾客在获得产品或服务总价值的全部过程中所消耗的经费或支付货币的总和。第二，时间成本，指顾客在搜寻、评估、购买和使用，即获得总价值的全过程中所需消耗的时间代价。第三，精力成本，指顾客在需求生成、信息搜寻、选择判断、购买及使用过程中所需消耗的精神和体力的价值总和。第四，心理成本，指顾客在获得所需产品/服务总价值过程中所承受的全部心理代价。不同顾客的心理成本是不同的，这与其支付能力、购买经验、商品知识及个性有一定关系。

（三）提高客户价值的基本途径

在顾客总价值一定时，顾客总成本越低，顾客感知价值越高；反之，在顾客总成本一定时，顾客总价值越高，顾客感知价值也越高。显然，企业至少可以通过以下四种类型的方法来提高顾客感知价值：

第一，改进产品的可靠性、耐用性或性能，通过提高产品价值来提高顾客感知价值。第二，提高非产品价值，即通过提高服务、人员或形象价值来提高顾客感知价值。第三，降低顾客的非货币成本，即通过减少顾客时间、精力和精神等付出来提高顾客感知价值。第四，降低产品售价或提供价格折扣，直接通过降低顾客货币成本来提高顾客感知价值。

二、客户价值切割式营销

（一）识别和界定赢利性顾客

著名的 80/20 规则认为：公司最好的 20% 的顾客创造了 80% 的利润。进一步的研究证明，公司最差的 30% 的顾客，会将这 80% 利润的一半“吃掉”。因此，企业应该采取积极措施，将 20% 的最好顾客留住，放弃 30% 的最差顾客。

企业如何识别最好的顾客和最差的顾客呢？

研究表明，给公司带来最大利润的通常不是最大的顾客，而往往是中等客户和小客户。最大的顾客常常要求很多的服务和很大的价格折扣，从而减少了公司的获利水平。中等规模顾客受到良好服务，支付的价格接近全价，因此，他们带来的利润往往最大。这也说明了为什么许多大企业最近纷纷看好中等客户市场。

较多或经常购买高赢利产品的顾客是公司最好的顾客。下图显示了一种判断顾客终身价值的分析方法。

	C1	C2	C3	
P1	+ +		+	高赢利产品
P2	+	+		赢利产品
P3	−		−	无利润产品
P4		− −	− −	亏损产品
	高赢利顾客	无利润顾客	亏损顾客	

顾客/产品赢利率分析

在图中，顾客（C1～C3）按赢利高低自左到右排列，产品（P1～P4）按赢利水平高低由上向下排列。图中的“+”或“++”表示顾客购买了赢利或高赢利产品，“-”或“--”则表示顾客购买了无赢利或亏损产品。由此可以看出，顾客C1是较多购买赢利和高赢利产品的高赢利顾客，是公司应当努力保留的顾客；顾客C2是购买赢利产品和亏损产品相抵的无利润顾客，公司可能从规模经济中获得收益，一般也应保留；顾客C3是较多购买无利和亏损产品的亏损顾客，如果营销人员不能劝说让其更多地购买赢利或高赢利产品，就应当设法将其从公司顾客队伍中“剔除”。

公司“剔除”亏损顾客的方法，应以不伤害消费者的购买选择权为前提，绝不可以采取歧视的方法拒绝向某类顾客提供产品或服务。公司一般可以运用提高价格门槛、转向生产有赢利产品或产品差异化定位等方法，保持或提高顾客队伍的整体赢利性。

（二）选择营利性的关系营销策略

建立和发展营利性客户关系，公司不仅要正确地选择顾客，还要针对不同类型的顾客群体，选择并实施不同的关系营销策略。

1. 关系营销的类型

关系营销是企业培育顾客忠诚度的全部营销活动的总称。企业可以通过对关系营销的选择和开发，了解和为有价值的顾客提供更好的服务。关系营销策略依照顾客与公司关系可能的亲密程度和公司要求，可以分为基本型、被动反应型、负责型、主动型和伙伴型五个不同层次。

（1）基本型：营销人员只是简单地向这类顾客销售产品，即产品售出后，不再与顾客接触。一般来讲，对流动性顾客或低值商品，可以考虑采取这种策略。

（2）被动反应型：营销人员在产品售出后，鼓励顾客就产品出现的问题或不满及时向企业反映。企业对顾客关系的维系仅限于对顾客问题或意见的响应。

（3）负责型：也称可靠型关系营销，指从对出售产品负责的角度，去了解顾客使用产品中遇到的问题，避免与顾客关系的恶化。

（4）主动型：营销人员经常与顾客沟通，主动征求问题或意见，积极改进产品服务，维系良好关系。但与顾客的关系，主要限于与提供产品有关的范围。

（5）伙伴型：是关系营销的最高层次。指企业与顾客持续的合作，使顾客能更有效地使用其资金或帮助顾客更好地使用产品，并按照顾客的要求来设计新产品。伙伴型关系营销与主动型关系营销的区别，主要是在主动型的基础上，与顾客建立互惠互利的长期合作关系，并将这种关系扩大到提供产品之外的可能范围。

2. 关系营销策略的选择

对大多数企业来说，由于行业、企业产品所在市场的类型和既定目标市场的限制，关系营销类型往往主要在较小范围内进行选择。企业对关系营销策略的选择，可以参考下表主要依据顾客数量的多少和公司边际利润水平等进行选择。

不同层次关系营销策略的选择

利润水平 / 顾客数量	高边际利润	中边际利润	低边际利润
顾客/分销商很多	可靠型	反应型	基本型或反应型
顾客/分销商数量一般	主动型	可靠型	反应型
顾客/分销商较少	伙伴型	主动型	可靠型

由于高层次的关系营销需要支付较高的营销成本，如果公司目标市场拥有许多顾客，且单位产品利润较低，那么大多数公司都将选择和实践较低层次的基本型关系营销。相反，顾客很少、边际利润较高的市场，大多数公司都会转向伙伴型关系营销，这里既有购买高边际利润产品的顾客大多要求高质量服务支持的因素，也有公司有能力承受较高营销成本的因素。而对处于这两种极端情况之间的顾客市场与产品类型，则通常适宜选择其他几个层次的关系营销类型。

客户关系切割式管理

一、客户关系管理的定义

客户关系管理起源于20世纪80年代初期的芬兰，多数的研究是来自服务营销。后来，随着IT技术的发展，客户关系管理的管理思想和方法逐渐扩展到其他行业，成为企业获取竞争优势的新宠。但是，客户关系管理到底是什么？目前学术界和企业界都没有统一的定义，不同研究机构与学者从不同的角度界定了客户关系管理的概念。综合现有的客户关系管理的概念，大致可以分为以下三类。

（1）客户关系管理，既是遵循客户导向，对客户进行系统研究的战略，又是通过改进对客户的服务水平来提高客户的忠诚度，以不断争取新客户和商机的理念；同时，也是以强大的信息处理能力和技术力量确保企业业务顺利进行，力争为企业带来长期稳定利润的方法。这一类概念的主要特征是，它们基本上都是从战略和理念的宏观层面对客户关系管理进行界定，往往缺少明确的实施方法的思考和提示。

（2）客户关系管理是一种旨在改变企业和客户之间关系的新型管理机制，它实施于市场营销、销售、服务与技术等与客户相关的领域，一方面通过对业务流程的全面管理来优化资源配置、降低成本；另一方面通过提供优质的服务吸引和保持更多的客户，增加市场份额。这类概念的主要特征是从企业管理模式、经营机制的角度进行定义。

（3）客户关系管理是企业通过技术投资，建立能收集、跟踪和分析客户信息的系统，或可增加客户联系渠道、客户互动及对客户渠道和企业后台的整合的功能模块。主要包括销售自动化、客户服务和支持及营销自动化、呼叫中心等。这主要是从微观的信息技术软件及其应用的层面对客户关系管理进行的定义，在与企业的实际情况和发展的惯例中往往存在偏差。

以上三类关于客户关系管理的定义，就其本身而言，如果是对特定问题或在特定环境下对客户关系管理予以界定，都有它特有的价值。但就客户关系管理进行整体、系统、完备和深入认识的要求来讲，它们都只是涉及问题的个别描述和界定，以下是对客户关系管理进行定义的三个基本要求：

（1）比较全面地概括目前企业界和理论界对于客户关系管理的各种认识和思考；

（2）比较系统地反映出客户关系管理的思想方法和应用层面的内容；

（3）比较科学地界定客户关系管理的应用价值。

在上述要求的基础上，可以这样陈述客户关系管理的概念：客户关系管理是企业为提升核心竞争力，达到竞争制胜、快速成长的目的，树立以客户为中心的发展战略，并在此基础上开展的包括判断、选择、争取、发展和保持客户所需实施的全部商业过程；是企业以客户关系为重点，通过开展系统化的客户研究，通过优化企业组织体系和业务流程，提高客户满意度和忠诚度，提高企业效率和利润水平的工作实践；也是企业在不断改进与客户关系相关的全部流程，最终实现电子化、自动化运营目标的过程中，所创造并使用的先进信息技术软件和优化的管理方法、解决方案的总和。

客户关系管理的目的是实现客户价值的最大化和企业收益的最大化之间的平衡。任何企业实施客户关系管理的初衷都是为顾客创造更多的价值，即实现客户与企业的“双赢”。所以，在客户价值和关系价值之间存在着互动，这种互动关系也反映了客户价值最大化和关系价值最大化这一矛盾统一体之间的平衡和互动。通过对关系价值的管理，企业将资源和能力集中在关系价值最高的顾客身上，满足其需要，进而实现客户价值的最大化；同时，从顾客角度而言，客户价值能够提高顾客的满意度，促进其对产品的忠诚度，进而促进关系的质（顾客消费更多更广）和量（关系生命周期的延长）的全面提高，增加顾客为企业创造的价值，使企业收益最大化。信息技术是实现客户价值和关系价值互动的支撑。信息技术可能使企业识别不同关系价值的客户关系，针对不同的客户关系采用不同的策略，实现客户价值的最大化。

二、客户关系管理内容的切割式认识

客户关系管理的目的不是对所有与企业有过商务往来的顾客都一视同仁，而是从所有这些顾客中识别出哪些是一般顾客，哪些是合适的顾客，哪些是合适顾客中的关键顾客。然后有针对性地提供合适的服务，从而使企业价值目标与客户价值目标相协调。因此客户关系管理应当对顾客进行识别和管理，支持企业在合适的时间、合适的场合，通过合适的方式，以合适的价格，将合适的产品和服务提供给合适的顾客。

（一）顾客识别

1. 顾客信息的收集和初步分析

该项工作主要是收集和整理有关谁是企业的顾客、顾客的基本类型及需求特征和购买行为等信息，并在此基础上分析顾客差异对企业利润的影响等问题。

2. 顾客信息的分析

顾客信息分析不能仅仅停留在对顾客信息的数据分析上，更重要的是要对顾客的态度、能力、信用、社会关系进行评价。对顾客进行差异化分析的方法有许多，美国数据库营销研究所亚瑟·休斯教授提出的 RFM 模型就是其中一种。

R（Recent），指顾客最近一次购买的情况。对顾客最近一次购买情况的信息进行收集和跟踪，用以分析顾客在沟通之后是否能够持续购买。利用这种工具，企业可以了解顾客对其提供的即时产品与服务是否有所反应，有利于与顾客建立长期关系而不是单纯的买卖关系，维持企业与顾客的良好关系。

F（Frequency），即购买频率。购买频率是指在测试期间的购买次数。高消费频率意味着更大的市场感召力。如将该信息与最近一次购买情况和花费金额的信息相参照，能够准确地判断一定区域和时期的合适顾客和关键顾客，从而使企业的营销策略更具针对性。

M（Money），即花费金额。它能够为企业提供顾客在一定时期的需求量信息，如将该信息与其他信息相参照，可以准确地预测一定时期、一定区域的销售量、市场占有率等信息，从消费金额中确定哪些人花费了高金额，原因是什么，由此可为供应链上的企业的生产、采购和营销企划方案的制订等提供准确依据。

3. 信息交流与反馈管理

信息交流是双向的，其主要功能是实现实时的互相联系、互相影响。从实质上说，顾客管理过程就是与顾客交流信息的过程，实现有效的信息交流是建立和保持企业与顾客良好关系的途径。顾客反馈对于衡量企业承诺目标实现的程度、及时发现在为顾客服务过程中存在的问题等具有重要作用。投诉是顾客反馈的主要途径。如何正确处理顾客的意见和投诉，对于消除顾客不满，维护顾客利益，赢得顾客信任都是十分重要的。

4. 服务管理

主要内容包括：服务项目的快速录入；服务项目的安排、调度和重新分配；事件的升级；搜索和跟踪与某一业务相关的事件；生成事件报告；服务协议和合同；订单管理和跟踪；问题及其解决方法的数据库。

5. 时间管理

主要内容有：日历；设计约会、活动计划（有冲突时，系统会提示）；进行事件安排，如任务、约会、会议、电话、电子邮件、传真；备忘录；进行团队事件安排；查看团队中其他人的安排，以免发生冲突；把事件的安排通知相关的人；任务表；预告；提示；记事本；电子邮件；传真；配送安排等。

（二）信息与系统管理

信息畅通与共享是供应链一体化良性运行的保证，同样也是客户关系管理的保障。信息与系统管理的主要内容如下。

1. 公开信息的管理

在客户关系管理中，信息是共享的，但并不意味着所有的信息都是公开的。公开信息的管理主要包括：电话本；生成电话列表，并把它们与顾客、联系人和业务建立关联；把电话号码分配给销售员；记录电话细节，并安排回电；电话营销内容草稿；电话录音，同时给出书写器，顾客可做记录；电话统计和报告；自动拨号。

2. 平台管理

主要包括：系统维护与升级；信息收集与整理；文档管理；对竞争对手的网站进行监测，如果发现变化，会向使用者和顾客报告；根据使用者和顾客定义的关键词对网站的变化进行监测。

3. 商业智能

主要功能包括：预定义查询和报告；顾客定制查询和报告（可看到查询和报告的SQL代码）；以报告或图表形式查看潜在顾客和业务可能带来的收入；通过预定义的图表工具进行潜在顾客和业务的传递途径分析；将数据转移到第三方的预测和计划工具；系统运行状态显示器；能力预警。

4. 信息集成管理

客户关系管理系统所收集的信息最初并不具有系统性，甚至不能为企业有效应用，信息集成管理就是对这些零散的信息进行筛选、整理、汇编、编密，然后按照规范程序进行分散和发送，使之与企业其他信息耦合，达到共享。

三、客户关系的切割式管理

最初所有的客户关系管理都称为运营型客户关系管理，随着客户关系管理产品供应商日益增多，而且产品的功能有所侧重后，将客户关系管理分为操作型客户关系管理、分析型客户关系管理和协作型客户关系管理。

（一）操作型客户关系管理

操作型客户关系管理也称为“前台”客户关系管理。这种划分基于企业内部的人力、物力资源的分配需要。例如，目前一个典型的企业直接面对客户的部门大致有销售部、客户服务部、市场营销部、呼叫中心，以及企业的客户信用部等。这样设计的目的是为了让这些部门的业务人员在日常工作中能够共享客户资源，减少信息流动滞留点，从而力争把一个企业变成单一的“虚拟个人”呈现在客户印象中。这样，客户虽然没到过你的企业，也不知道你的企业有多少人或者一年有多少个千万的销售额，但他同你们做生意就像同一个好朋友做生意一样，从而大大地减少他们在与企业接触过程中产生的种种麻烦和挫折。

（二）分析型客户关系管理

分析型客户关系管理也称为“后台”客户关系管理。用来分析发生在“前台”的客户活动。该系统的用户不需要直接同客户打交道，而是从操作型系统所产生的大量交易数据中提取有价值的各种信息，如分析销售情况，以及对将来的趋势作出必要的预测。该系统是一种企业决策支持工具。具有大量客户的银行业、保险业及零售业都可以利用该系统挖掘出重要的决策信息。

其系统的设计主要利用数据仓库、数据挖掘等计算机技术。其主要原理是对交易操作所累积的大量数据进行过滤，抽取到数据仓库，再利用数据挖掘技术建立各种行为预测模型，最后利用图表、曲线等对企业各种关键运行指标，以及客户市场分割情况向操作型系统发布，达到成功决策的目的。

（三）协作型客户关系管理

用来管理客户和企业进行交互的方式，其目的在于支持各种客户交互方式，不论是采用全功能服务、辅助自助服务还是完全的自主服务交互方式。协作型客户关系管理一般由企业中的渠道管理部门（如联系中心）使用，因此，该系统既有专项渠道管理能力，又具备跨渠道管理功能。通过协作型客户关系管理，企业可建立客户服务中心，将电话、传真、E－mail等与客户接触的所有渠道整合在一起，并与企业的网络系统连接起来，使企业内部的各个部门都能迅速获得有关客户咨询、投诉及订货等方面的信息，为客户提供“一站式的服务”。

此外，还可以为客户提供通过电话、互联网等进行的“网上自助服务”。这种自助平台既可以提高客户服务的水平，同时也可以极大地降低成本。据美国权威机构统计，一次专门的见面拜访大约需要5美元的成本，一个通过人工接听并且有效回应的电话只需要5美分，而一次网上的自助服务也只需要几美分。

第九章　营销团队的切割式管理

营销团队的特点

根据斯蒂芬·P. 罗宾斯在其《管理学》中提出的评判标准，营销团队具有以下特点：

（1）目标导向性的群体。营销团队对于主要达到的目标有清楚的了解，并坚信这一目标包含着重大的意义和价值。而且，这种目标的重要性还激励着团队成员把个人目标升华到团队目标中去。在有效的团队中，成员愿意为团队目标做出承诺，清楚地知道希望他们做什么工作，以及他们怎样共同工作最后完成任务。

（2）适时变化性。首先，随着市场经济的深入发展，商品和服务无论是在数量还是质量上都得到了极大提高，所以企业的营销工作显得越来越重要和复杂。对企业来说，营销团队的规划和建设已经上升到了战略制定的高度。其次，跟其他类型团队一样，营销团队也会出现效率低下、不适应市场和组织需要的情况，这就需要企业建立合理有效的激励机制以适应这种变化。

（3）相关的技能、良好的个人品质，为出色完成任务提供了保障。后者尤为重要，但却常常被人们忽视。有精湛技术能力的人并不一定就有处理团队内部关系的高超技巧，有效团队的成员往往兼而有之。

（4）良好的沟通。这是一个营销团队必不可少的特点。团队成员通过畅通的渠道交换信息，包括各种语言和非语言信息。此外，管理层与团队成员之间积极的信息反馈也是良好沟通的重要特征，有助于管理者指导团队成员行动，消除误解。

（5）有效的领导。有效的领导能够让团队跟随自己共同渡过最艰难的时期，因为他能为团队指明前途所在。他们向成员阐明变革的可能性，增强团队成员的自信心，帮助他们更充分地了解自己的潜力。优秀的领导者不一定非得指示或控制，有效的团队领导者往往担任的是教练和后盾的角色，他们对团队提供指导和支持，但并不试图去控制它。很多管理者已开始发现这种新型的权力共享方式的好处，或通过领导培训逐渐意识到它的好处，但仍然有些脑筋死板、惯用专制的管理者无法接受这种新方式。

（6）内部支持和外部支持。要成为高效团队的最后一个必需条件就是必要的支持环境。从内部条件来看，团队应拥有一个合理的基础结构，包括：适当的培训，一套易于理解的用以评估员工总体绩效的测量系统，以及一个起支持作用的人力资源系统。合理的基础结构应能支持强化成员行为以取得高绩效水平。从外部条件来看，管理层应给团队提供完成工作所必需的各种资源。

营销团队的切割式管理

营销必须有能力对环境的变化做出快速反应，其组织方法有以下几种。

一、基于不同功能的营销团队（图9-1）

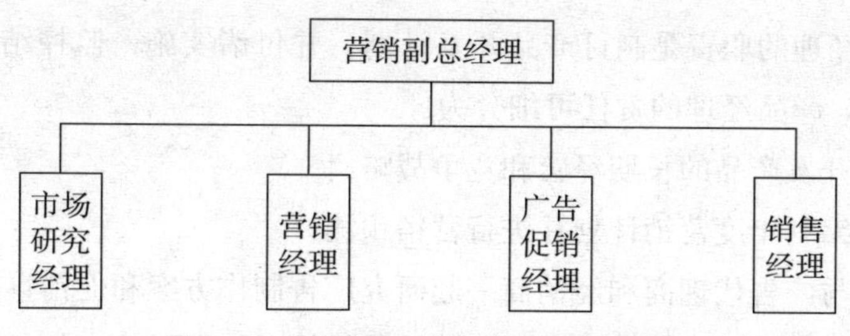

图9-1 基于不同功能的市场营销组织

这种结构经常出现在产品种类有限，市场区域覆盖面较窄的公司中。市场研究部门全部投入到市场信息的收集工作中。市场营销目标和战略是在营销副总经理的直接监控之下，由市场计划经理策划的。这是营销副总经理工作的延伸。其他部门都是执行性质的。营销副总经理非常关心控制和评估，通过自己或计划人员的帮助来完成这些工作。

二、基于产品和品牌管理的营销团队

这种组织的主要目的是为了满足产品及其支持技术的特殊要求。产品是多种多样的、复杂的，它们代表着公司竞争优势。产品的知名度是发展公司与客户间有效关系的基础。由于专业化的力量集中，将更多资源用于产品组合可能带来许多效益（图9－2）。

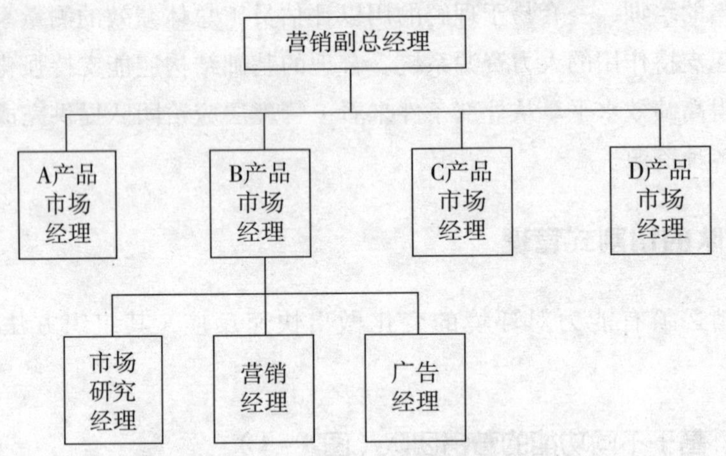

图9－2　基于产品和品牌管理的市场营销组织

产品经理的职责是制订产品开发计划，并付诸实施，监控结果和采取改进措施。产品经理的责任可细分为：

（1）开发产品的长期经营和竞争战略；

（2）编制年度营销计划并进行营销预测；

（3）与广告代理商和经销商一起研究广告制作方案和促销宣传方案；

（4）激励推销人员和经销商经营该产品的兴趣和对该产品的支持；

（5）不断收集有关该产品的性能、客户及经销商对产品的看法、产品遇到的新问题及新的营销机会的情报；

（6）组织产品改进，以适应不断变化的市场需求。

这种组织的优点在于产品经理能够将产品营销组合的各个要素较好地协调起来，更快地就市场上出现的问题做出反应。对于那些较小的品牌，由于产品经理专管，可以较少地受到忽视。相对不足之处是产品经理们未能获得足够必要的权威，以保证他们有效地履行自己的职责。产品经理虽然能成为自己所管理的产品的专家，但很难成为其他产品的专家。品牌经理的任期通常较短，他们可能被调去管理另一种产品或品牌，这使得公司的营销计划也只能是短期的，从而影响了产品长期优势的建立。

三、以市场或客户为基础的营销团队（图9-3）

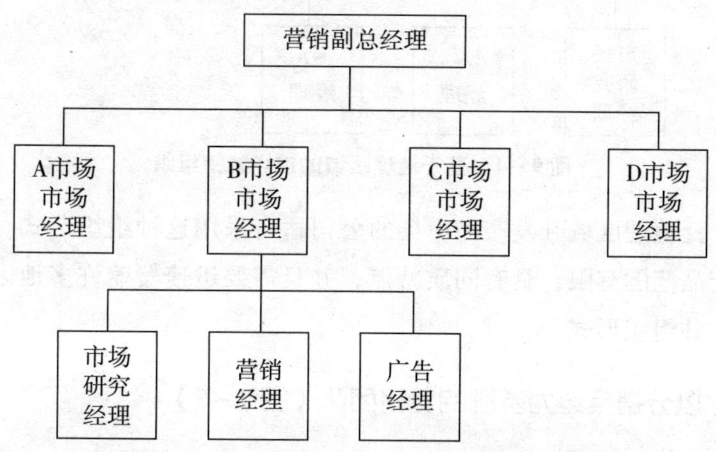

图9-3　以市场或客户为基础的市场营销组织

这种组织是为了适应明确区分的细分市场。可能会出现的问题是随着公司面对的市场和客户越来越多，必须雇用大量的营销人员。

市场经理负责制订主管市场的长期计划和年度计划。他们需要分析主管市场的动向，以及应向该市场提供什么新产品。他们的工作业绩常用市场份额的增加状况进行判断，而不是看其市场现有的赢利状况。市场经理开展工作所需要的功能性服务由其他功能性组织提供。分管重要市场的市场经理甚至有几名功能性服务的专业人员直接由他负责。

这种组织的优点在于市场营销活动是按照满足各类显然不同的客户需求来组织和安排的，而不是集中在营销功能、营销区域或产品本身。

四、基于地理区域的营销团队（图9－4）

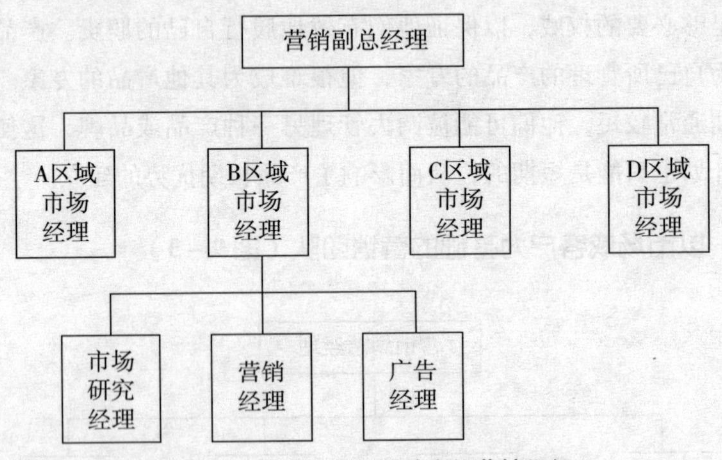

图9－4　基于地理区域的市场营销组织

在广泛地理区域开发产品市场的公司适合采用这种组织形式。特别是公司的产品范围有限，具有同质特点，并且需要迅速覆盖许多地区时，更应采取这种组织形式。

五、以分销渠道为基础的营销团队（图9－5）

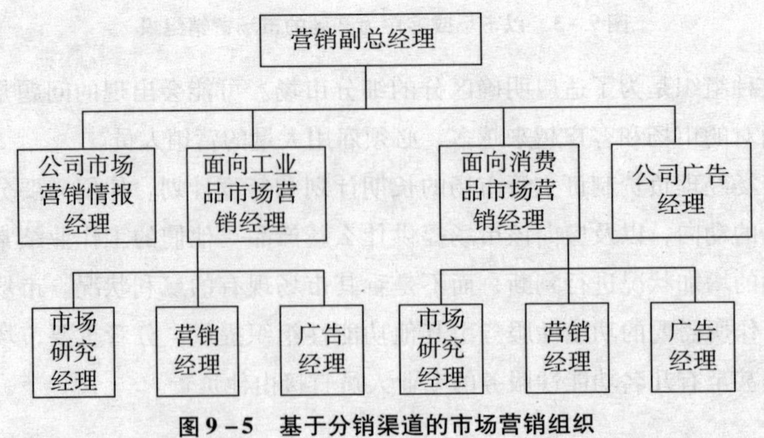

图9－5　基于分销渠道的市场营销组织

这种组织形式适用于将一系列产品既出售给消费者，又卖给工业客户。很明显，这里每一种分销渠道都需要以不同的方式来组织。可以将公司广告和市场研究等职能作为中心，而其他部门则作为这个中心的分支机构。中心和部门之间的关系必须有明确界限，每一层次的人员都要服从各自的主管。

这种组织的主要不足之处在于限制现有渠道之间的联系，阻碍市场营销以创新的方式进行分销。

营销团队的人员切割式选评

一、营销团队人员的甄选切割式选拔

营销团队人员的甄选程序包括5种主要活动：规划招聘和筛选过程；招聘足够数量的求职者；筛选最具资历的求职者；雇用那些已经被选中的人；吸纳这些新员工（图9-6）。

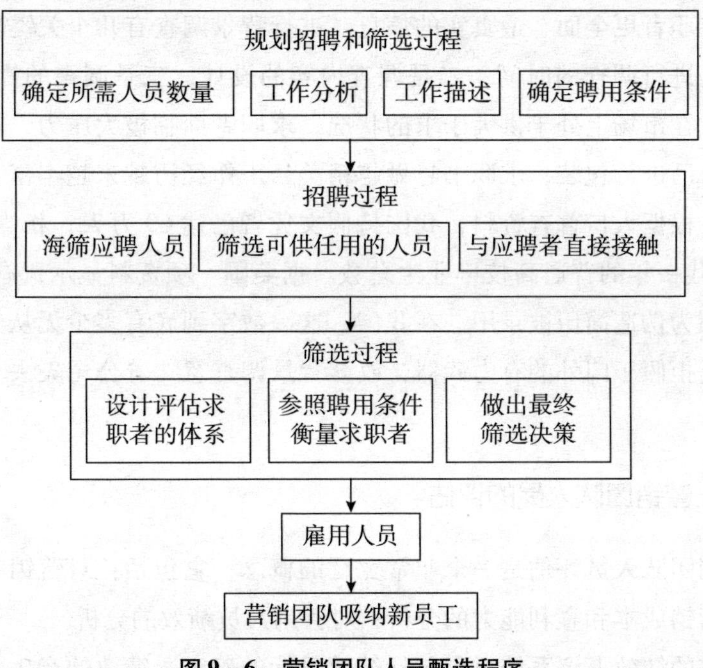

图9-6 营销团队人员甄选程序

营销领域不存在通用型营销人才。即使在同一个企业营销同一个产品，由于面向的顾客不同，所要求的人员特质也不一样；新产品推广和老产品维护的营销人员风格差异也很大。因此员工的甄选很重要。

一般情况下，营销团队人员的甄选方法有两种：

（一）人才测评

人才测评是用心理学、行为学、管理学、测量学、计算机技术等多种学科和技术，通过严密的测评过程和客观的评分标准，对人的知识水平、能力结构、个性特点、职业倾向、发展潜能等多种素质进行测量和评估，并根据岗位要求及企业组织特性进行测量评价的一种方法。它是适应经济和社会发展对人才资源开发需要而逐步发展起来的现代企业管理中的一个新兴学科，可以为企业招聘、选拔、考核、培养各类人才提供参考依据，同时也为个人的职业生涯发展提供有价值的参考。

（二）背景调查

所谓背景调查，就是调查求职者所提供的相关信息是否真实。其目的是获得求职者更全面、最真实的信息。进行背景调查有几个关键环节要把握：一是进行调查的时间，二是调查内容的设计，三是调查的操作方法。由于人才在市场上处于供大于求的状况，求职者面临极大压力，被迫在求职时对自己进行包装，求职书越做越精美，工作经历越来越丰富，其实水分很大。根据人口普查资料，我国持假文凭者已达 60 万人，相当于 20 世纪 90 年代一年的普通高校毕业生总数。据美国一项资料显示，有 3000 万人曾经因为伪造简历被录用。在我国，这一数字到底有多少无从知晓。背景调查是拒假于门外的有力武器，放弃背景调查意味着公司失去了基本的洞察力。

二、营销团队人员的评估

营销团队人员评估是一个非常宽泛的概念，它包括：对营销收入的分析；对营销成本和赢利能力的分析；对营销人员绩效的分析。

完整的绩效考评系统过程包括绩效目标的确定、绩效的产生、绩效的考核、绩效的反馈与新的绩效目标的确定，它们构成了一个循环。关于绩效考评方法应用较多的主要有以下三种：

（一）目标管理

目标管理是以目标为中心的 P（Plan，设定目标）、D（Do，目标实施）、S（See，对目标完成情况的评价）循环的管理过程，是以实现组织的整体目标为目的的全面管理体系，是创造并巩固信息交流网络的管理制度。

（二）关键绩效指标

关键绩效指标（Kye Performanee Indxe，KPI），是通过对组织内部某一流程的输入端和输出端的关键参数进行设置、取样、计算及分析，用以衡量流程绩效的一种目标式量化管理指标。

（三）360 度考评

360 度考评是将 360 度反馈运用到企业考评中的全方位绩效考核方法。360 度考评，也称全视角考核或多个考评者考核或多角度反馈系统，是一种从多个角度获取组织成员背景资料的方法，参与人员包括上级、下级、自己、同事等，有时甚至包括外部顾客和内部顾客。360 度考评在人力资源开发与管理中主要用于个体发展性评价和绩效评估。

营销团队的切割式培训方法

一、营销团队的培训目标

在对营销团队进行培训之前，公司要有明确的培训目标，才可能达到预期效果。营销培训一般具有以下目标：

（1）提高营销生产率。通过培训来提高营销人员的生产率，从而提高营销投资的回报。

（2）降低流动率。由于训练有素的员工很少失败，可以增加营销人员的勇气和信心，所以良好的培训计划能降低员工流动率。

（3）提振士气。没有目标、没有经过正确的训练或没有做好充足的准备而闯入商场战斗的人总是士气低落。营销培训计划应当培养受训者对公司和社会的认识。

(4) 改善沟通。培训可以让营销人员明白他们向公司提供的关于顾客和市场的信息多么重要。他们应该了解如何利用这些信息以及这些信息如何影响公司的业绩。

(5) 改善顾客关系。良好的培训计划让受训者明白建立和维护良好顾客关系很重要，并知道如何避免过度营销、如何判断需要哪种产品和如何解决抱怨。

(6) 改善自我管理。营销人员应学会如何有效地利用他们的时间，如何用相对少的工作时间获得更多的回报，才能获得成功。

二、营销团队的培训对象

营销培训对象一般为：

(1) 新员工。目的是使新配备的员工尽快熟悉本公司业务。

(2) 有经验的营销人员。目的是使老员工继续保持营销热情，并促进推广新产品、开发新市场等。

(3) 顾客。目的是让顾客更加了解本公司产品并提高忠诚度和满意度。对独立制造代理商、分销商、零售商和使用者的培训就属于这类。

(4) 营销经理。目的是让营销管理层的接班人受到培训和获得管理工作的经验。培训计划要开发五种能力：规划和商务组织能力、战略执行能力、人力资源管理能力、领导和团队建设能力以及职业操守。

三、培训内容

营销培训一般包含以下内容：

(1) 营销态度。发挥培训最大的效力，让受训者彻底了解营销工作的本质和重要性以及他们在实现公司整个目标中扮演的角色非常重要。

(2) 对公司的认识。所有的受训者都要对公司的目标、组织、政策和程序有一定的认识，了解公司的历史和使命。

（3）本公司产品知识和运用。受训者应该了解他们所售产品及这些产品的用途，学习服务知识以便解答顾客对本公司产品所提出的疑问。

（4）对竞争产品的认识。深入了解竞争对手的产品，使营销人员在推销产品时更加强调其优于竞争对手产品的地方。

（5）对顾客的了解。每位顾客有不同的重点和问题，营销人员必须能够识别和做出反应。

（6）对行业规则的认识。营销人员也是顾客的顾问，所以，了解潜藏在本公司和顾客公司之间的操作规则是十分重要的。

（7）营销技巧。受训者必须学习营销技能和技巧来进行有效沟通并说服顾客。

（8）关系建立技能。许多公司着眼于与精挑细选的顾客培养长期的关系。营销人员必须知道如何识别这些客户以及如何经营与这些顾客的关系。引导客户要为长远利益而非短期营销服务，营销人员必须与顾客一起确认问题，找到对双方都有益的解决方案。

（9）营销团队技能。对他人需求敏感、接受他人缺点、乐于合作、团结他人、接受他人的观点以及团队成功高于个人成功等，这都是培训所要关注的内容。

（10）时间管理技能。大多数营销人员拥有管理自己区域的自主权，他们必须在顾客和各种工作之间安排好时间，时间无效配置会大大降低工作效率。

（11）计算机辅助营销技能。许多公司正在教给营销人员使用计算机的技能，来安排他们在客户之间的时间、营销日程安排以及处理像保存订单、递交行程计划和报告、编写说明书和报价之类的行政工作。

第四篇

营销环节与营销模式的切割

第十章 产品策略切割

消费者所不知道的产品整体概念

产品设计者需要从五个层次来考虑产品（见图10－1）。最基础的一层是核心产品，是提供给顾客的基本效用和利益，也是消费者真正要购买的利益和服务。消费者购买某种产品并非为了拥有该产品实体，而是为了获得能满足自身某种需要的效用和利益。如洗衣机的核心利益体现在它能让消费者方便、省力、省时地清洗衣物。产品若没有效用和使用价值，不能给人们带来利益的满足，也就丧失了存在的价值。因此，设计产品时，市场营销人员必须首先定义产品提供给消费者的核心利益。

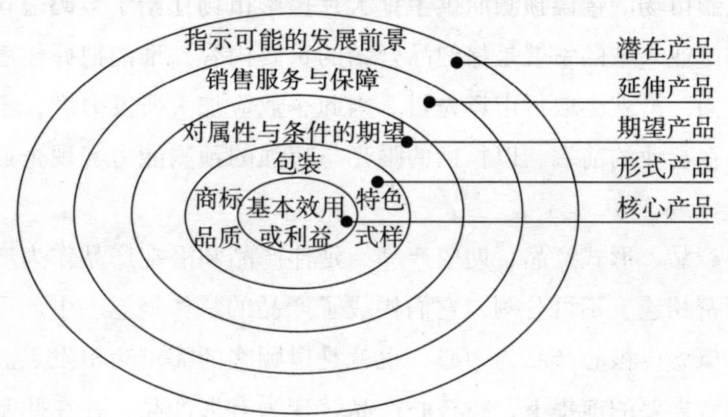

图10－1 产品整体概念的五个层次

产品核心功能需要依附一定的实体来实现。产品实体称为形式产品，即产品的基本形式，主要包括五个特征：品质、特色、式样、商标和包装。

期望产品是消费者购买产品时期望的一整套属性和条件，如对于购买洗衣机的人来说，期望该机器能省时省力地清洗衣物，同时不损坏衣物，洗衣时噪声小，方便进排水，外形美观，使用安全可靠等。

延伸产品是产品的第四个层次，即产品包含的附加服务和利益。主要包括运送、安装、调试、维修、产品保证、零配件供应、技术人员培训等。延伸产品来源于对消费者需求的综合性和多层次性的深入研究，要求营销人员必须正视消费者的整体消费体系，但同时必须注意消费者是否愿意承担因延伸产品的增加而增加的成本问题。

产品的第五个层次是潜在产品，是指此种产品最终可能的所有的增加和改变，是企业努力寻求的满足顾客并使自己与其他竞争者区别开来的新方法。潜在产品是产品整体概念当中的最高层次，很少企业能做到。如果企业能做到这个层次，将形成绝对竞争优势，从而彻底击败所有竞争对手。这要求企业具有超强的预测能力与长远的战略眼光，同时这也是建立在强大的财力与研发能力基础上的，例如微软公司。但也有许多公司未做好这个层次的产品而陷入困境，失去大片市场，例如胶卷业的柯达，因为对未来摄影市场的错误预测而拱手把大片摄影市场让给了数码公司，损失惨重。保健业未来的发展是保健品营销的重要内容，谁能把握住潜在产品的发展方向，谁就会取得市场先机。因此企业应加大研发力度，不断推陈出新，走在行业的前端，以长远的眼光与超强的预测能力实现企业的可持续发展。

核心产品、形式产品、期望产品、延伸产品和潜在产品作为产品的五个层次紧密相连、不可分割，它们构成了产品的整体概念。由此可见，产品的整体概念以核心产品为中心，也就是以顾客的需求为出发点。在充分考虑消费者需要的前提下，将核心产品转变为有形产品，并在此基础上附加多种利益，进一步满足消费者的需要。企业只有从产品的整体概念角度认识产品、设计产品，才能切实增加产品价值以获得竞争优势。

现代企业产品外延的不断拓展缘于消费者需求的复杂化和竞争的白热化。在产品的核心功能趋同的情况下，谁能更快、更多、更好地满足消费者的复杂利益整合的需要，谁就能拥有消费者，占有市场，取得竞争优势。不断地拓展产品的外延部分已成为现代企业产品竞争的焦点，消费者对产品的期望价值越来越多地包含了其所能提供的服务、企业人员的素质及企业整体形象的“综合价值”。目前发达国家企业的产品竞争多集中在延伸产品层次，而发展中国家企业的产品竞争则主要集中在期望产品层次。若产品在核心利益上相同，但附加产品所提供的服务不同，则可能被消费者看成是两种不同的产品，因此也会造成两种截然不同的销售状况。美国著名管理学家李维特曾说过：“新的竞争不在于工厂里制造出来的产品，而在于工厂外能够给产品加上包装、服务、广告、咨询、融资、送货或顾客认为有价值的其他东西。”

产品整体概念对指导企业营销管理有何启示？

（1）产品整体概念体现了以顾客为中心的现代营销观念。

（2）产品整体概念为企业开发适合消费者需要的有形与无形产品、挖掘新的市场机会提供了新的思路。

（3）产品整体概念为企业产品研究开发设计提供了新的方向。

（4）产品整体概念为企业的产品差异化提供了新的线索。

（5）产品整体概念要求企业重视各种售后服务。

产品切割式管理

根据买方的意图，产品可被分为工业品和消费品两大类。工业品是用于制造其他物品或服务，以促进企业经营或是向其他消费者转售的商品。消费品是用来满足消费者个人需求的产品。由于工业品和消费品营销方式不同，所以我们需要了解产品的分类，因为它们具有不同的目标市场，并且采用不同的分销、促销以及定价策略。

工业品包括7种类型：主设备、辅助设备、零部件、加工材料、原材料、消耗品和服务项目。本节重点考察对消费品进行有效分类的方法。最普遍的分类方法是根据购买这些商品耗费精力的程度将消费品分为便利品、选购品、特殊品和非渴求商品（见图10-2）。

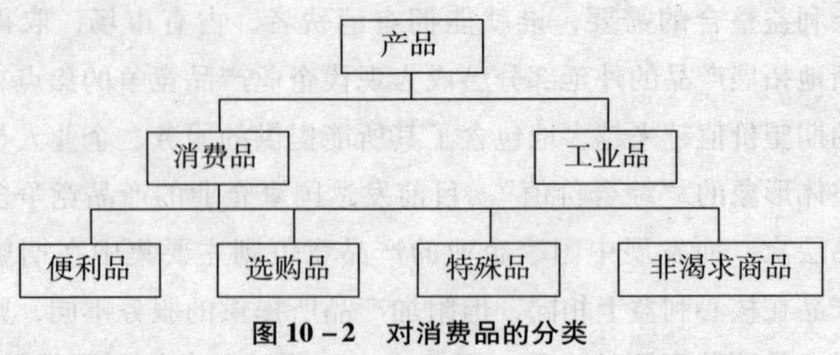

图 10-2　对消费品的分类

一、便利品

是指价格低廉，消费者要经常购买的产品。消费者在购买此类产品时的购买特征是：花费的时间越少越好，并且对这些产品几乎不作任何比较，希望就近、即刻买到。如肥皂、洗衣粉、手纸、牙膏、毛巾、饮料等就属于此类商品。对于生产经营此类商品的企业来说，尽量增加销售此类商品的网点，并且把网点延伸到居民住宅区的附近至关重要。

二、选购品

通常比便利品价格高而且销售的店较少。消费者在购买选购品时一般要对几种品牌或商店进行样式、实用性、价格及其与生活方式匹配性的比较。他们也愿意在这一过程中花一些精力以取得期望的利益。服装、皮鞋、家电产品等是典型的选购品。根据消费者的购买行为，经营选购品的企业要赋予自己的产品以特色，并且不断地向消费者传达有关商品的信息，帮助消费者了解有关产品的专门知识。选购品的商家应在一些有名的商业中心或者声誉卓著的商店内设立销售点销售选购品，才能获得比较理想的销售效果。

三、特殊品

当消费者执著地寻找某一特殊商品而又不愿意为此接受替代品时，这种商品即是特殊品。如星巴克咖啡店，劳力士手表。因为消费者会不顾远道去购买，所以特殊品的销售并不要求有很多的网点，也不需要考虑购买者是否方便，只要使消费者知道在什么地方能买到就行。

四、非渴求商品

某一产品不为其潜在消费者所了解或虽然知道也不积极去寻求，那么该产品就叫非渴求商品。像保险、百科全书等都是非渴求商品，都需要有进攻性的人员销售和有高度说服力的广告。

产品生命周期的切割式营销

一、产品生命周期的概念及其阶段划分

产品生命周期是指某产品从进入市场到被淘汰退出市场的全部运作过程。它是产品的市场寿命，而不是使用寿命。产品生命周期由需求与技术的生命周期决定。企业开展市场营销活动的思维视角，不是从产品开始，而是从需求出发。任何产品都只是作为满足特定需要或解决问题的特定方式而存在。

（一）产品生命周期阶段

产品生命周期一般分为四个阶段：产品导入阶段、市场成长阶段、市场成熟阶段和市场衰退阶段。产品导入阶段（也称介绍期）是指在市场上推出新产品，产品销售呈缓慢增长状态的阶段。市场成长阶段是指该产品在市场迅速为顾客所接受、销售额迅速上升的阶段。市场成熟阶段是指大多数购买者已经接受该项产品，市场销售额缓慢增长或下降的阶段。市场衰退阶段是指销售额急剧下降、利润渐趋于零的阶段。

（二）产品生命周期的其他形态

产品生命周期是一理论抽象，在现实经济生活中，并不是所有产品的生命历程都完全符合这种理论形态。除上述的正态分布曲线，还有以下几种形态：

（1）再循环形态。指产品销售进入衰退期后，由于种种因素的作用而

进入第二个成长阶段。这种再循环型生命周期是市场需求变化或厂商投入更多的促销费用的结果。

（2）多循环形态。也称“扇形”运动曲线，或波浪形形态，是在产品进入成熟期以后，厂商通过制定和实施正确的营销策略，使产品销售量不断达到新的高潮。

（3）非连续循环形态。大多数时髦商品呈非连续循环，这些产品一上市即热销，而后很快在市场上销声匿迹。厂商既无必要也不愿意作长期处于成熟期的任何努力，而是等待下一周期的来临。

（三）产品种类、形式、品牌生命周期

一般而言，产品种类（如香烟）、产品形式（如过滤嘴香烟）和产品品牌（如云烟）的寿命周期各不相同。产品种类具有最长的生命周期。很多产品种类，如食盐、汽车、冰箱等的产品成熟阶段可以无限地持续下去，其销售量增加与人口增长率成正比关系。产品形式比产品种类能够更准确地体现标准的产品生命周期历程。例如：手控打字机在经历了典型的导入期、成长期、成熟期之后，由于计算机的普及而进入衰退期，最后退出市场。产品品牌相对于前两者而言显示了较短的生命周期历程。

二、产品生命周期各阶段的切割式营销策略

（一）导入期的市场特点与营销策略

1. 导入期的市场营销特点

（1）消费者对该产品不了解，大部分顾客不愿放弃或改变自己以往的消费行为，销售量小，相应地增加了单位产品成本；

（2）尚未建立理想的营销渠道和高效率的分配模式；

（3）价格决策难以确立，高价可能限制了购买，低价可能难以收回成本；

（4）商业广告费用和其他营销费用开支较大；

（5）产品技术和性能不够完善；

（6）利润较少，甚至出现市场营销亏损，企业承担的市场风险最大。

但这个阶段市场竞争者较少，企业若建立有效的营销系统，即可以将新产品快速推进导入阶段，进入市场发展阶段。

根据上述特点，导入阶段一般有四种可供选择的策略。

2. 导入期的市场营销策略

（1）快速掠取策略。即以高价格和高促销推出新产品。实行高价格是为了在每一单位销售额中获取最大的利润；高促销费用是为了引起目标市场的注意，加快市场渗透。成功地实施这一策略，可以赚取较大的利润，尽快收回新产品开发投资。实施该策略的市场条件是：市场上有较大的需求潜力；目标顾客具有求新心理，急于购买新产品，并愿意为此付出高价；企业面临潜在竞争者威胁，需要及早树立品牌。

（2）缓慢掠取策略。即以高价格低促销费用将新产品推入市场。高价格和低促销水平结合可以使企业获得更多利润。实施该策略的市场条件是：市场规模相对较小，竞争威胁不大；市场上大多数用户对该产品没有过多疑虑；适当的高价能为市场所接受。

（3）快速渗透策略。即以低价格和高促销费用推出新产品。目的在于先发制人，以最快的速度打入市场。该策略可以给企业带来最快的市场渗透率和最高的市场占有率。实施这一策略的条件是：产品市场容量很大；潜在消费者对产品不了解，且对价格十分敏感；潜在竞争比较激烈；产品的单位制造成本可随生产规模和销售量的扩大，迅速下降。

（4）缓慢渗透策略。即企业以低价格和低促销费用推出新品。低价是为了促使市场迅速地接受新产品，低促销费用则可以实现更多的利润。企业坚信该市场需求价格弹性较高，而促销弹性较小。实施这一策略的基本条件是：市场容量较大；潜在顾客易于或已经了解该项新产品且对价格十分敏感；有相当的潜在竞争者准备加入竞争行列。

（二）成长期的市场特点与营销策略

1. 成长期的市场营销特点

（1）消费者对新产品已经熟悉，销售量增长很快；

（2）大批竞争者加入，市场竞争加剧；

（3）产品已定型，技术工艺比较成熟；

（4）建立了比较理想的营销渠道；

（5）市场价格趋于下降；

（6）为了适应竞争和市场扩张的需要，企业的促销费用水平基本稳定或略有提高，但占销售额的比率下降；

（7）由于促销费用分摊到更多销量上，单位生产成本迅速下降，企业利润迅速上升。

2. 成长期的市场营销策略

企业营销策略的核心是尽可能地处长产品的成长期。具体来说包括以下营销策略：

（1）根据用户需求和其他市场信息，不断提高产品质量，努力发展产品的新款式、新型号，增加产品的新用途。

（2）加强促销环节，树立强有力的产品形象。促销策略的重心应从建立产品知名度转移到树立产品形象。主要目标是建立品牌偏好，争取新的顾客。

（3）重新评价渠道、选择决策，巩固原有渠道，增加新的销售渠道，开拓新的市场。

（4）选择适当的时机调整价格，以争取更多顾客。

企业采用上述部分或全部市场扩张策略，会加强产品的竞争能力，但也会相应地加大营销成本。因此，在成长阶段面临着“高市场占有率”或“高利润率”的选择。一般来说，实施市场扩张策略会减少眼前利润，但加强了企业的市场地位和竞争力，有利于维持和扩大企业的市场占有率，从长期利润角度看，则更有利于企业发展。

（三）成熟期的市场特点与营销策略

1. 成熟期的阶段划分和市场特点

成熟期可以分为三个时期：

（1）成长成熟期。此时期各销售渠道呈饱和状态，增长率缓慢上升，还有少数后续的购买者继续进入市场。

（2）稳定成熟期。由于市场饱和，消费平稳，产品稳定。销售增长率一般只与购买者人数成比例，如无新购买者，则增长率停滞或下降。

（3）衰退成熟期。销售水平呈显著下降，原有用户的兴趣已开始转向其他产品和替代品。全行业产品出现过剩，竞争加剧，一些缺乏竞争力的企业将逐渐被取代，新加入的竞争者较少。竞争者之间各有自己特定的目标顾客，市场份额变动不大，突破比较困难。

2. 成熟期的市场营销策略

（1）市场改良。市场改良策略也称市场多元化策略，即企业发现产品的新用途或改变推销方式等，以使产品销售量得以扩大。采取这种决策可从以下方面考虑：

①寻求新的细分市场，把产品引入尚未使用过这种产品的市场，重点是发现产品的新用途，应用于其他的领域，以使产品的成长期延长。

②寻求能够刺激消费者、增加产品率的方法。

③市场重新定位，寻求有潜在需求的新顾客。

（2）产品改良策略。也称为“产品再推出”，是指以产品自身的改变来满足顾客的不同需要，吸引有不同需求的顾客。具体包括：品质改良、特性改良、式样改良、附加产品改良。

（3）营销组合改良。是指通过改变定价、销售渠道及促销方式来延长产品成熟期。

（四）衰退期的市场特点与营销策略

1. 衰退期的市场特点

（1）产品销售量由缓慢下降变为迅速下降，消费者的兴趣已完全转移；

（2）价格已下降到最低水平；

（3）多数企业无利可图，被迫退出市场；

（4）留在市场上但逐渐减少产品附带服务，削减促销预算等，以维持最低水平的市场营销。

2. 衰退期的营销策略

（1）集中策略。即把资源集中使用在最有利的细分市场、最有效的销售渠道和最易销售的品种、款式上。概言之，缩短战线，以最有利的市场赢得尽可能多的利润。

（2）维持策略。即保持原有的细分市场和营销组合策略，把销售维持在一个低水平。待到适当时机，便停止市场营销，退出市场。

（3）榨取策略。即大大降低销售费用，如商业广告费用削减为零、大幅度精简推销人员等，虽然销售量有可能迅速下降，但是可以增加眼前利润。

如果企业决定停止市场营销衰退期的产品，在立即停产还是逐步停产问题上应慎重，并应处理好善后事宜，使企业有秩序地转向新产品市场营销。状况往往比早期大众略差，对新事物、新环境多持怀疑态度或观望态度，往往在产品成熟阶段才加入购买。

第十一章　定价与价格管理切割

影响企业价格制定的因素

一、产品成本

产品成本对产品价格制定的影响是显而易见的，在实际营销过程中，产品定价的基础因素就是产品的成本。企业制定价格首先必须使成本得到补偿。产品成本是企业核算盈亏的临界点。从一般意义上讲，产品的成本一般包括固定成本、变动成本和总成本等。

（一）固定成本

其又称固定费用，是指成本总额在一定时期和一定业务量范围内，不受业务量增减变动影响而能保持不变的成本。它不随产品产销量的变化而变化，如房产费用、设备费用、产品设计费用等。

（二）变动成本

其是指那些成本的总发生额在相关范围内随着业务量的变动而呈线性变动的成本。直接人工、直接材料都是典型的变动成本，在一定期间内它们的发生总额随着业务量的增减而成正比例变动，但单位产品的耗费则保持不变。如原材料成本、运输费用、销售税金等。

（三）总成本

其是固定成本和变动成本之和。如果不发生产品的生产和销售，总成本就只是固定成本。

（四）平均固定成本

其是平均每单位产品所耗费的固定成本，随着产量的增加而不断减少，其曲线为一条正双曲线。在产量开始增加时，下降的幅度很大，以后越来越平坦。随着产量的增加，下降的幅度越来越小。总的固定成本不随产品产销量的变化而变化，但平均固定成本则会随着产品产销量的增加而减少。这也是企业实现规模经济、获取成本优势的主要原因。

（五）平均变动成本

其是总变动成本相对于产品产量的平均数。在劳动生产率一定的情况下，总的变动成本一般会随着产品产量的增加而增加，平均变动成本则会保持不变。但当劳动生产率提高时，平均变动成本则会随着产品产量的增加而呈现递减的趋势，然而达到一定程度以后，由于设备的维修费、累进计件工资等费用的增加，它又可能转为上升趋势。

（六）平均总成本

其是总成本相对于产品产销量的平均数，也就是平均固定成本和平均变动成本相加之和。由于平均固定成本随着产品产量的增加而递减，而平均变动成本一般保持不变，甚至在劳动生产率提高的情况下还会呈递减趋势，所以，平均总成本一般都会随着产量的增加而逐渐减少。

（七）边际成本

指增加一个单位产量所支付的追加成本，是增加单位产品的总成本增量。边际成本常和边际收入配合使用，边际收入指企业多售出单位产品得到的追加收入，是销售总收入的增量。边际收入减去边际成本后的余额称为边际贡献，边际贡献为正值时，表示增收大于增支，增收对于企业增加利润或减少亏损是有贡献的，反之则不是。

（八）使用成本

指消费者在使用产品的过程中所支付的成本，包括为使产品得以正常使用所支付的一切货币成本、心理成本和精力成本，如电费、汽油费、维修的便利性和售后服务的其他支持等，这些都是影响价格和消费者需求的重要因素。

（九）机会成本

企业常常会为了从事某一项生产经营活动而放弃从事另外一些生产经

营活动，因此也就会失去另外一些活动所带来的收益，这些失去的收益就是企业的机会成本。因为有了机会成本的存在，企业在选择投资机会时，就必须慎重考虑，要尽可能在所从事的领域内，通过产品价格的制定及其他相关策略来弥补这种成本的发生。

一般情况下，企业产品的售价原则上应该定在平均总成本之上，因为成本水平的高低决定了定价可选择范围的下限，但这种直观的感觉有时也并不完全正确，由于成本水平的高低因成本概念的不同而不同，对企业制定价格决策来说，一定要先识别那些随着价格变动而影响利润水平的相关成本。另外，科学的定价决策不仅要考虑当前的成本，还要考虑未来的成本变化及定价决策对未来成本可能造成的影响。一般认为，随着销量的大幅度增加，产品的成本会有明显的下降，这也是有些企业在还不具备明显成本优势的情况下敢于制定较低价格的原因，因为它们希望低价格能够赢得更大的销量，从而取得规模经济效应：显著降低成本并获得足够的利润空间。不过，与规模经济相对应的还有规模不经济，所以，产量的增加并不一定必然带来成本的降低，这是企业在考虑成本与价格的关系时必须注意的问题。

二、市场竞争状况

对于竞争激烈的产品，价格是一种重要的竞争手段，企业必须了解竞争者所提供的产品质量和价格，考虑比竞争对手更为有利的定价策略，这样才能获胜。一般有以下几种情况。

（一）完全竞争

在这种条件下，企业可以自由地进出市场、自由地选择产品生产，买者和卖者都大量存在，产品在某种程度上具有同质性，买卖双方能充分地获得市场情报。所以，无论是买方还是卖方，都不能左右市场上的产品价格，只能在市场既定价格下从事生产和交易。企业不能用增加或减少产量的办法来影响产品的价格，也没有一个企业可以根据自己的愿望和要求来提高价格。在这种情况下，买卖双方都只能接受由市场需求和市场供给共同决定的现行价格。在完全竞争的市场条件下，由于买主对市场信息完全了解，如果某个企业试图以高于现行市场价格出售产品，顾客就会转向其他的卖主。再说，企业也没有必要以低于市场价格的价格出售产品，因为它们按照现行市场价格就能卖掉所有的产品。在完全竞争的市场条件下，交易的产品种类是同一的，新老企业的进出，以及生产要素和资源的流动是完全自由的，所有实际的或潜在的买卖双方，都能掌握市场知识和了解市场信息。因此，个别企业只能是市场价格的接受者，而不是价格的制定者。事实上，这种完全竞争的市场条件几乎不存在。

（二）不完全竞争

介于完全竞争与纯粹垄断之间，是现实中存在的较为典型的市场竞争状况，这种竞争状态根据参与竞争者的多少与力量的大小，又可分为寡头竞争、垄断竞争和纯粹垄断。

1. 垄断竞争

垄断竞争是由几家较大的企业在市场上起着领导作用，还有一些小企业也在参与竞争。在垄断性竞争的市场条件下，各个企业提供的产品或劳务是有差异的。有些是产品实质上的差异，有些是购买者受促销手段影响而在心理上感觉的产品差异。这种情况下，存在着产品质量、销售渠道、促销活动的竞争。企业根据其“差异”的优势，可以部分地通过变动价格的方法来寻求较高的利润。垄断性竞争是一种介于完全竞争和纯粹垄断之间的竞争状态，既有垄断倾向，同时又有竞争成分，所以也可称为垄断竞争。在不完全竞争的市场条件下，企业已经不是消极的价格接受者，而是强有力的价格决定者。

2. 寡头竞争

寡头竞争就是市场上只有2~3家企业控制着某种商品的买卖，竞争只在它们之间展开。寡头竞争的形式有两种：完全寡头竞争和不完全寡头竞争。完全寡头竞争也叫做无区别的寡头竞争，这种竞争状态下，由于寡头企业的产品都是同质的，用户对这种产品并无偏好。每个寡头企业都时刻警惕着其竞争对手的战略和行动，不会轻易地变动价格，所以整个行业的市场价格比较稳定，彼此间激烈的竞争往往表现在广告宣传、促销等方面的努力。不完全寡头竞争，也叫做差异性寡头竞争。这种竞争状态下，由于寡头企业的产品都有某些差异（如计算机、汽车等），用户认为这些企业的产品是不能互相替代的。每一个寡头企业都努力使自己的产品变成顾客偏爱的品牌，这样就可以将此产品的价格定得比较高，从而增加赢利。

3. 纯粹垄断

在这种市场条件下，一个行业中某种产品的生产和销售完全由一个卖主独家经营和控制。通常有政府垄断和私人垄断之分。这种垄断一般有特定条件，如垄断企业可能拥有专利权、专营权或特别许可等。由于垄断企业控制了进入这个市场的种种障碍，所以它能完全控制价格，但是不同类型的纯粹垄断定价是不同的。政府垄断可能有多种定价目标下的价格表现，比如一些和人民生活密切相关的产品，在大多数购买者的财力受到限制的情况下，价格就会定在与成本相等的水平，甚至低于成本线；有的产品的价格则可能定得非常高，这是为了使消费量降下来，达到相对限制的目的。

三、市场供求

（一）供求规律

这是商品经济的内在规律，市场供求的变动与产品价格的变动是相互影响、相互确定的。

1. 价格与需求

需求是指有购买欲望和购买能力的需要。影响需求的因素很多，这里讨论价格对需求的影响。一般表现为：当产品价格下降时，会吸引新的需求者加入购买行列，也会刺激原有需求者增加需求；相反，当产品价格上升时，就会影响需求者减少需求量，或改变需求方向，去选购其他代用品。价格与需求量呈反方向变化，反映这种关系的曲线称为需求曲线（见图 11 -1）。

2. 价格与供给

价格与需求量关系的法则也适用于供给，只是价格与供给量的变化方向相同。当某种产品价格上升时，会刺激原来的产品生产者扩大生产和供

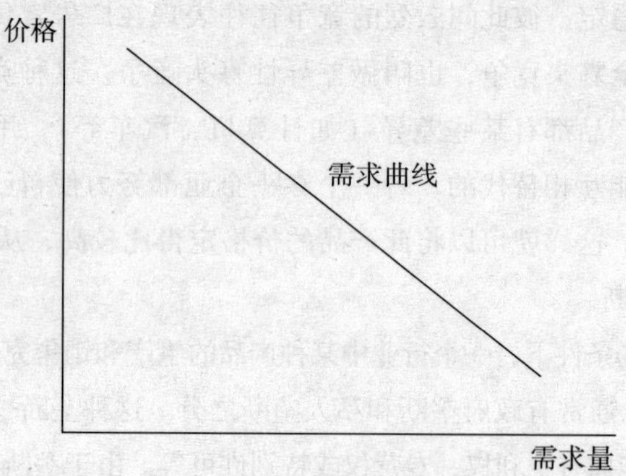

图 11－1　需求曲线

应，还会刺激其他生产者参与该产品的生产和经营，从而使该产品的供应数量增加；当某种产品价格下降，从事该产品的生产者或经营者的利润就会减少，甚至亏本，于是就缩小或停止其生产或经营，从而使该产品的供应数量减少。价格与供应量呈同方向变化，能够反映这种关系的曲线称为供给曲线（见图 11－2）。

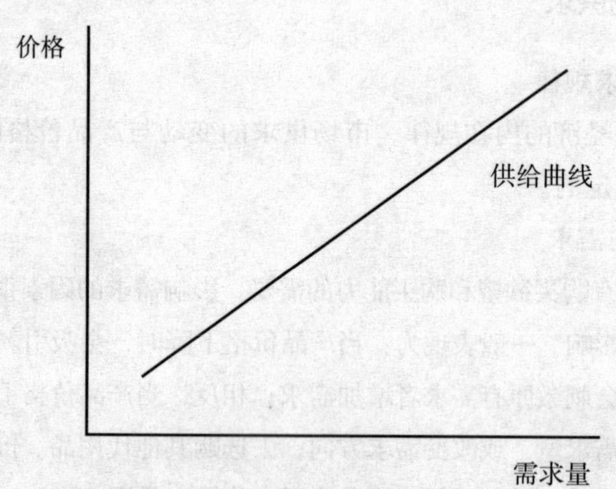

图 11－2　供给曲线

3. 供求关系与均衡价格

由于价格影响需求与供应的变化方向是相反的，在市场竞争的条件下，供给与需求都要求对方与之相适应，即供需平衡，这一个平衡点只能稳定在供求两条曲线的交点上。当市场价格偏高时，购买者就会减少购买量，使需求量下降。而生产者则会因高价的吸引而增加供应量，使市场出现供大于求的状况，产品发生积压，出售者之间竞争加剧，其结果必然迫使价格下降。当市场价格偏低时，低价会导致购买量的增加，但生产者会因价低利薄而减少供给量，使市场出现供小于求的状况，购买者之间竞争加剧，又会使价格上涨。

供给与需求变化的结果，迫使价格趋向供求曲线的交点。这个由供给曲线和需求曲线形成的交点 O，表示市场供需处于平衡状态，称之为市场平衡点。平衡点所表示的价格，即价格轴上的 P'点，是市场供求平衡时的价格，称之为供求双方都能接受的“均衡价格”。平衡点所表示的数量，即数量轴上的 Q'点，是市场供需平衡时的数量，称之为供求双方都能够实现成交的“供求平衡量”（见图 11－3）。

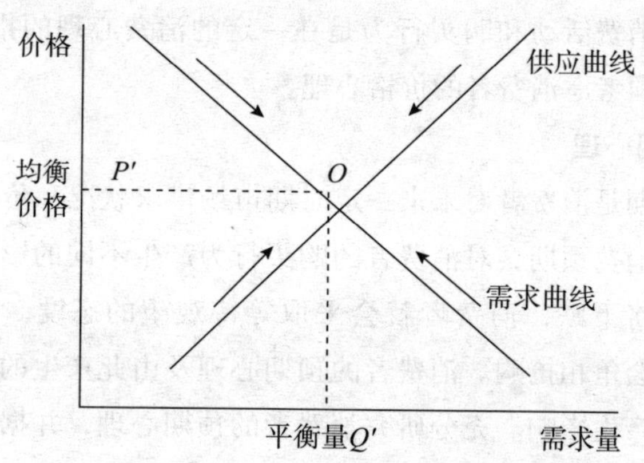

图 11－3　供求曲线变动趋势

均衡价格是相对稳定的价格。由于市场情况的复杂性和多样性，供求之间的平衡只是相对的、有条件的，不平衡则是绝对的、经常性的。在商品经济条件下，供求影响价格，价格调节供求运行的方式，是商品价值规律和供求规律的必然要求。

（二）需求弹性

根据微观经济学的需求定律，一般来讲，需求与价格是反向关系，公司可能收取的每一价格都将导致一个不同水平的需求及由此对其营销目标产生不同的效果。营销人员至少需要知道需求对于价格的变动将如何反应。这就引出了微观经济学的另一个基本概念——需求的价格弹性。它反映需求量对价格变动的反应程度，或者说，价格变动百分之一将会使需求量变动百分之几。假如需求有弹性，卖主就要考虑降低价格。那么，需求的价格弹性由什么决定呢？在下面几种情况下，需求只有很小的弹性：①缺乏替代品；②买者对较高的价格不敏感；③买者对改变他们的购买习惯或寻找较低的价格表现迟缓；④买者认为由于质量改进、被预期到的通货膨胀等因素，较高的价格是公道的。

四、消费者心理

消费者的消费活动和购买行为是在一定的消费心理的指导下进行的，企业的定价必须考虑消费者的价格心理。

（一）预期心理

消费者预期是消费者对未来一定时期市场供求状况和价格变动趋势的估计。不同的消费预期会对消费者的购买行为产生不同的影响。如果预计未来商品价格将下跌，消费者就会采取等待观望的态度，持币待购；反之，消费者就会争相抢购。消费者的预期心理及由此产生的消费行为，势必对企业定价产生影响。充分研究消费者的预期心理，并据此确定有针对性的价格策略对企业进行科学的定价决策具有重要意义。

（二）认知价值和其他消费心理

认知价值是消费者心理上对商品价值的一种估计和认同，它与消费者的商品知识、购物经验、对市场行情了解的程度有关，同时受到消费者的兴趣爱好的影响。消费者在购买商品时常常把商品的价格与自己心目中所形成的对该种商品的认知价值进行比较，将一种商品的价值与另一种商品的认知价值相比较，当确认价格合理、物有所值时，才会作出购买决策，产生购买行为。此外，消费者还存在求实、求新、求质、求美、求廉、求名等多种心理，这些心理都会对消费者的认知价值产生影响，进而影响消费者的购买行为。企业只有准确把握消费者的消费心理，才能制定出既适应消费者的需要，又有利于扩大商品销售和提高企业经济效益的价格策略。

定价策略的切割

一、折扣与折让定价策略

企业为了鼓励顾客及早付清货款、大额采购、淡季购买而给采购商的优惠称为价格折扣和折让。价格折扣和折让有五种。

（一）现金折扣

现金折扣是企业给那些当场付清货款的采购商的一种减价优惠。

（二）数量折扣

数量折扣是指企业给那些大额购买某种产品的采购商的一种减价优惠，以鼓励顾客购买更多的货物。因为大量购买能使企业降低生产、销售、储运等环节的成本费用。

（三）功能折扣

功能折扣是指制造商给某些批发商或零售商的一种额外折扣，促使他们愿意执行某种市场营销功能，如推销、储存、服务。

（四）季节折扣

季节折扣是销售企业给采购商购买产品的一种减价，使企业的生产和销售在一年四季保持相对稳定。例如：滑雪橇制造商在春夏季给零售商以季节折扣，以鼓励零售商提前订货；旅馆、航空公司等在旅游淡节给旅客以季节折扣。

（五）让价折扣

让价折扣是指价格目录表上价格的减价。例如：一辆小汽车标价为40000 元，顾客以旧车折价 5000 元购买，则只需支付 35000 元现金，这称为以旧换新折让。如果经销商同意参加制造商的促销活动，则制造商卖给经销商的货物可以打折扣，这称为促销折让。

二、地区定价策略

一般地，一个企业的产品，不仅卖给当地顾客，也卖给外地顾客。而卖给外地顾客，把产品从产地运到顾客所在地，需要花费装运费用。所谓地区性定价策略，就是企业要决定：对于卖给不同地区同种产品，是否制定不同价格。地区性定价的主要形式有：

（一）原产地定价

原产地定价就是采购商按照出厂价购买某种产品，企业供给方只负责将这种产品运送到产地某种运输工具上交货。交货后，采购方承担从产地到目的地的一切风险和费用。如果按在原产地某种运输工具上交货定价，采购方自己负担从产地到目的地的运费和风险。但是这样定价对供货企业也有不利之处，外地顾客有可能不愿购买这个企业的产品，转而购买其附近企业的产品。

（二）统一交货定价

统一交货定价就是企业对于卖给不同地区客户的某种产品，都按照相同的出厂价加相同的运费定价，对全国不同地区的客户，不论远近，都实行统一价格。有人把这种定价又称邮资定价。

（三）分区定价

分区定价就是企业把全国划分为若干价格区，对于卖给不同价格区的同种产品，分别制定不同的地区价格。距离企业远的价格区，价格定得较高；距离企业近的价格区，价格定得较低。在各个价格区范围内实行统一价格。企业采用分区定价存在的问题：①在同一价格区内，有些顾客距离企业较近，有些顾客距离企业较远，前者就不合算；②处在两个相邻价格区界两边的顾客，要按高低不同的价格购买同一种产品，必然导致跨行区购买现象发生。

（四）基点定价

基点定价是指企业选定某些城市作为基点，然后按统一的厂价加上从基点城市到顾客所在地的运费来定价。有些公司为了提高灵活性，选定许多个基点城市，按照顾客最近的基点计算运费。

（五）运费免收定价

有些企业因为急于和某些地区做生意，负担全部或部分实际运费。这些供应者认为，如果生意扩大，其平均成本就会降低，因此足以抵偿这些运费支出。采取运费免收定价，可以使企业加快市场渗透，并且能在日益激烈的市场竞争中站稳脚跟。

三、心理定价策略

（一）声望定价

声望定价是指企业利用消费者仰慕名牌商品的某种心理来制定商品的价格，故意把价格定成高价。对顾客不易鉴别质量的商品供应方最适宜采用此法，因为消费者有崇尚名牌的心理，往往以价格判断质量，认为高价代表高质量，但应注意价格制定也不能高得离谱，使消费者不能接受。

（二）尾数定价

尾数定价利用消费者对数字认识的某种心理制定尾数价格，使消费者产生价格较低廉的感觉，还能使消费者觉得有尾数的价格是经过认真的成本核算产生的结果，对定价产生信任感。

（三）招徕定价

零售商利用部分顾客求廉的心理，特意将某几种商品的价格定得较低以吸引顾客。某些超市每天随机推出降价商品，吸引顾客购买廉价商品，同时带动其他商品的出售。

四、差别定价策略

差别定价也称价格歧视，是企业按照不同价格销售同一种产品。差别定价主要有以下四种形式：

（一）顾客差别定价

顾客差别定价是指企业按照不同的价格把同一种产品卖给不同的顾

客。例如：某汽车经销商按照价目表把某种型号汽车以正常价卖给顾客 A，按照较低优惠价格把同一种型号汽车卖给顾客 B。这种价格歧视表明，顾客的需求强度和商品知识有所不同。

（二）产品形式差别定价

产品形式差别定价是指企业对不同形式的产品分别制定不同的价格。例如：21 英寸电视 1100 元/台，29 英寸电视 2700 元/台。这是产品形式差别定价。

（三）产品部位差别定价

产品部位差别定价是指企业对于处在不同位置的产品分别制定不同的价格，即使这些产品的成本费用没有任何差异。例如：剧院虽然不同座位的成本费用都一样，但是不同座位区的票价有所不同，这是因为人们对剧院的不同座位区的偏好有所不同。

（四）销售时间差别定价

销售时间差别定价是企业对于不同季节、不同时期同种产品也分别制定不同的价格。例如：某些超市在节假日降价促销。

五、新产品定价策略

一般来讲，新产品定价有两种策略可供选择。

（一）撇脂定价

撇脂定价是指在产品生命周期的最初阶段，把产品的价格定得很高，以攫取最大利润，有如从鲜奶中撇取奶油。企业之所以这样做，是因为有些购买者主观认为某些商品具有很高的价值。从营销实践看，在以下条件下企业可以采取撇脂定价：这种产品的消费者需求缺乏弹性，产品价格定得很高，市场需求量不会减少太多。高价使需求量减少一些，因而产量减少一些，单位成本增加一些，不致抵消高价所带来的利益。在高价情况下，由于有专利保护，企业仍然独家市场营销，无其他竞争者。某种产品的价格定得很高，会使人们产生这种产品是高档产品的印象。

（二）渗透定价

渗透定价是指企业把他们创新产品的价格定得相对较低，以吸引大量顾客，提高市场占有率。从市场营销实践看，企业采取渗透定价需具备以下条件：市场需求价格弹性大，因此，低价会刺激市场需求量迅速增长；企业的平均生产成本会随着生产规模的增加而下降；低价不会引起实际和潜在的竞争。

六、产品组合定价策略

当产品只是某一产品组合中的一部分时，企业必须对定价方法进行调整。企业要研究出一系列价格，使整个产品组合的利润实现最大化。因为各种产品之间存在需求和成本的相互联系，而且会带来不同程度的竞争，所以定价十分困难。下面介绍六种产品组合定价方法。

（一）产品线定价

企业通常开发出来的是产品线，而不是单一产品。当企业产品线中产品存在需求和成本的内在关联性时，为了充分发挥这种内在关联性的积极作用，可采用产品线定价策略。企业在运用这一定价策略时，首先，确定产品线中某种产品的最低价格，它是企业的主打产品，带动产品线中的其他产品销售；其次，确定产品线中某种商品的最高价格，它在产品线中充当品牌质量角色；最后，产品线中的其他产品依据它们在产品线中充当的角色不同而制定不同的价格。例如：某服装店市场营销系列男式西服，最低价 200 元，最高价 1500 元，其他有 500 元、800 元不等。顾客会从该系列产品中联系高、中、低三种质量水平的服装。即使这三种价格同时提高，男士们仍然会按照自己偏爱的价格来购买服装。营销者的任务就是帮助顾客认知系列产品质量的差别，使顾客心里产生价格差别合理化。

（二）选择品定价

许多企业在提供主要产品的同时，还会提供一些可供选择的产品。汽车用户可以订购电子开窗控制器、扫雾器或减光器等。但是对选择品定价却是一件棘手的事。例如，饭店选择品定价问题。顾客既要吃饭吃菜又要吃菜饮酒。许多饭店的酒价定得很高，而食品的价格相对较低。食品收入可以弥补食品的成本和其他的饭店成本。而酒类则可以带来利润。也有的饭店会将酒价定得较低，而将食品价格定得较高，来吸引爱吃菜饮酒的消费者。

（三）互补产品定价

有些产品之间形成互补产品。例如剃须刀和刀片，照相机和胶卷。制造商经常为主要产品制定较低的价格，同时对附属产品制定较高的价格。例如：柯达照相机的价格很低，胶卷的价格较高，从销售胶卷上赢利。而那些照相机制造商为了获取同样的总利润，只好对照相机制定高价。但如果补充产品的定价过高，就会出现危机。

（四）分部定价

服务性企业经常收取一笔固定费用，再加上可变的使用费。例如：固定电话用户每月都要支付一笔“座机费”。在新加坡，新车的价格包括两个部分：第一部分是包括进口税在内的汽车成本；第二部分是获取驾驶执照的价格。服务性公司面临着和补充产品定价同样的问题：应收多少基本服务费和可变使用费。基本服务费应定低些，来推动人们购买服务，而从使用费中获取利润。

（五）副产品定价

在生产石油化工产品的过程中，经常有副产品。如果副产品价值很低，处理费用昂贵，就会影响到主产品定价。制造商应确保产品的价格足够弥补副产品的处理费用。例如：酒行业的副产品“糟水”对饲养业有价值，可给酒厂带来收益。

（六）产品系列定价

企业经常以某一价格出售一组产品，例如化妆品、计算机、假期旅游为顾客提供的一系列活动方案。这一组产品的价格低于单独购买其中每一产品的价格总和。因为顾客可能只打算购买其中某一产品，所以这一组合的价格必须有较大的降幅才能推动顾客购买。例如：供应商不提供送货上门可节省 100 美元，这时向顾客提供的价格的减少额为 80 美元，则其利润就增加 20 美元。

价格变动与企业的切割决策

企业处在一个不断变化的环境，为了生存和发展，有时需主动降低价格或提价，有时又需对竞争者的变价作出适当的价格反应。

一、企业主动降低价格

在现代市场经济条件下，企业主动降低价格的主要原因有：

（1）企业的生产能力过剩，需要扩大销售，但是企业又不能通过产品改进和加强销售工作等来扩大销售，这时就须考虑降低价格。

（2）在强大竞争对手的压力下，企业的市场占有率下降。例如：由于来自日本的汽车、电子产品、照相机、钟表等行业的产品质量较高，价格较低，给美国同行业带来强大的竞争压力，美国一些本土公司不得不降低价格竞销。

（3）企业的成本费用比竞争对手低，企图通过降低价格来提高市场占有率，从而扩大生产和销售量，降低成本费用。在这种情况下，企业也往往降低价格。

总之，有实力的企业率先降价往往能给弱小的竞争者以致命的打击，为自身的发展开拓空间。

二、企业主动提高价格

虽然提价会引起消费者、经销商和企业推销人员的不满，但是一个成功的提价可以使企业的利润大大增加。引起企业提价的主要原因如下：

（1）由于通货膨胀，物价上涨，企业的成本费用提高，因此许多企业不得不提高产品价格。在现代市场经济条件下，许多企业往往采取种种方法来调整价格，应对通货膨胀。常见地调高价格的方法有：

第一，采取报价定价，暂时不规定最后价格，等到产品交货时才规定最后价格。在建筑产品和重型设备制造等行业中一般采取这种定价战略。

第二，在合同上规定在一定时期内（一般到交货时为止）可按某种价格指数来调整价格。

第三，采取在通货膨胀、物价上涨的条件下，企业决定产品价格不动，但原来提供的某些劳务要计价，这样使原来提供的产品价格实际上提高了。

第四，企业决定削减正常的现金和数量折扣，并限制销售人员以低于价目表的价格来拉生意。

第五，取消低利产品。

第六，降低产品质量，减少产品特色和服务。企业采取这种战略可保持一定的利润，但会影响其声誉和形象，失去忠诚的顾客。

（2）企业的产品供不应求，不能满足所有顾客的需要。在这种情况下，企业就可以提价。提价方式包括：取消价格折扣，在产品大类中增加价格较高的项目，或者全面提价。为了减少顾客不满，企业提价时应当向顾客说明提价的原因，并帮助顾客消除不满情绪。

三、顾客对价格变动的反应

企业无论提价或降低价格，都势必影响购买者、竞争者、经销商和供应商，而且政府对企业变价也密切关注。首先分析购买者对企业变价的反应。顾客对于企业的某种产品的降低价格可能会这样理解：

（1）这种产品过时了，企业将推出新产品；

（2）这种产品有某些缺点，不受消费者欢迎；

（3）企业财务困难，想及时收回资金；

（4）这种产品价格有可能进一步下跌；

（5）这种产品在市场上有很多替代产品，商家之间竞争需要降价。

企业提价通常会影响销售，但是购买者对企业的某种产品提价也可能会这样理解：

（1）这种产品很畅销，不赶快买就买不到了；

（2）这种产品别的厂商不能生产；

（3）厂家想赚更多的钱。

一般地说，购买者对于价值高低不同的产品价格的反应有所不同。购买者对于价值高、经常购买的产品的价格变动较敏感，而对于价值低、不经常购买的小商品的价格变动不太注意。此外，购买者虽然关心产品价格变动，但是通常更为关心使用成本。因此，如果厂商可以使顾客相信某种商品使用成本较低。例如：节能电冰箱与普通电冰箱相比，厂商可以把节能电冰箱的价格定得比竞争者高，从而获得较多的利润。

四、竞争对手对价格变动的反应

企业在考虑改变价格时，不仅要考虑到购买者的反应，而且还必须考虑竞争对手对企业的产品价格变动的反应。当某一行业中企业数目很少，而提供同质产品的购买者颇具辨别能力时，竞争者的反应就越显著。

企业如何去估计竞争者的可能反应呢？首先，假设企业只面临一家大的竞争者，竞争者的可能反应可从两个不同的出发点加以理解。其一是假设竞争者有一组适应价格变化的政策；其二是假设竞争者把每一次价格变动都当做单一挑战。每一个假设在研究上均有不同的含义。

假设竞争者有一组价格反应政策，通过竞争对手内部资料和借助市场统计分析。竞争对手内部情报的取得方法有多种：

（1）从竞争者那里挖来经理，以获得竞争者的考虑程序及反应形式等重要情报。

（2）雇用竞争者以前的职员专门建立一个单位来模仿竞争者的立场、观点、方法思考问题。

（3）通过其他渠道，如顾客、金融机构、供应商、代理商等获得有价值的信息。

竞争对手反应企业可以从以下两个方面来估计、预测竞争者对本企业的产品价格变动的可能反应：

（1）假设竞争对手采取老一套的办法来对付本企业的价格变动。在这种情况下，竞争对手的反应是能够预测的。

（2）假设竞争对手把本企业每一次价格变动都看做是新的挑战，竞争对手为维护自己的利益作出相应的反应。在这种情况下，企业就必须断定当时竞争对手的利益是什么。企业必须调查研究竞争对手目前的财务状况、销售和生产能力情况、顾客忠诚情况以及企业目标等。如果竞争者目前的主要目标是提高市场占有率，它就可能随着本企业的产品价格变动而调整价格。如果竞争者的企业目标是获取最大利润，它就会采取相应的对策，如增加商业广告费投入、加强商业广告促销、提高产品质量等。总之，企业在发动价格变动时，必须善于利用内部和外部的信息资源，琢磨竞争对手的心思，观察竞争对手的反应，以便采取相应的对策。

实际问题是复杂的，因为竞争者对本企业降低价格的动机可能有不同理解，如竞争者可能认为本企业想侵占市场阵地；或者认为本企业市场营销不善，力图扩大销售；或者认为本企业想使整个行业的价格下降，以刺激整个市场需求。

如果企业面对多个竞争者，在变价时就必须估计每一个竞争者的可能反应。如果所有的竞争者反应大体相同，就可以集中力量分析典型的竞争者，因为典型的竞争者反应可以代表其他竞争者的反应。如果由于各个竞争对手在规模、市场占有率及政策等重要问题上有所不同，则它们的反应应有所不同。在这种情况下，就必须分别对各个竞争对手进行具体分析。

第十二章　分销渠道管理与切割

商品转移形式的多样性——分销渠道

所谓分销渠道，是指某种商品和服务从生产者向消费者转移过程中，取得这种商品和服务的所有权或帮助所有权转移的所有企业和个人。因此，分销渠道包括商人中间商（因为他们取得所有权）和代理中间商（因为他们帮助转移所有权），此外，还包括处于渠道起点和终点的生产者和最终消费者或用户。

分销渠道在市场营销策略中起着关键作用，因为它们提供了将产品和服务从生产商转移到消费者或工业用户手中的手段。市场营销中介存在于批发和零售水平上。作为执行市场营销功能的专家，而非生产或者制造功能，它们能比生产商或者消费者更有效地进行这些活动。市场营销中介即分销渠道的重要性，可以用它们创造的效用和执行的功能来说明。

一、创造效用的切割

分销渠道为消费者创造了三种类型的效用。

（一）时间效用

当消费者想要购买某种商品，而同时分销渠道提供这些商品可供销售时，它创造了时间效用。

（二）地点效用

当货物和服务在方便的地点可供购买时，它创造了地点效用。

（三）所有权（或者占有）效用

当产品的所有权从生产商或中介传送给购买者时，它创造了所有权效用。

在有些情况下，所有权并未转移给购买者，这时也创造了占有效用，如在租用汽车的情况下。

二、分销渠道的功能切割

分销渠道在整个市场营销系统中执行着若干功能。主要包括：有利于交换过程，在分类中减少差异，使交易标准化，以及寻找过程。

（一）有利于交换过程

分销渠道发展从交换过程开始。随着市场经济的发展，交换过程本身变得越来越复杂。因为有更多生产商以及潜在的购买者，市场营销中介通过减少市场联系的次数而有利于交易。

（二）分类

分销渠道的另一个十分重要的功能是调整供需双方的产品品种方面的差异，称为分类。生产商倾向于在一条有限的产品线上生产最大量的产品，而购买者需要的是较多品种的选择和最小的数量。分类通过减少这些差异调整购买者和生产商的需要。

（三）使交易标准化

在复杂的市场经济中，如果每一次的交易都需要洽谈，交换过程将会很混乱。分销渠道将产品交易过程标准化。分销渠道将订货地点、价格、支付条件、交货进度表和购买批量逐步标准化。

（四）寻找过程

分销渠道也为购买者和销售者提供寻找产品的方便。购买者寻找特定货物和服务以满足其需要，而销售者试图了解消费者想要什么。

分销渠道的类型分析与切割

一、分销渠道的层次切割

分销渠道可根据其渠道层次的数目来分类。在产品从生产者转移到消费者的过程中，任何一个对产品拥有所有权或负有推销责任的机构，就叫做一个渠道层次。由于生产者和消费者都参与了将产品及其所有权带到消费地点的工作，因此，他们都被列入每一渠道中。可以用中间机构层次的数目确定渠道的长度。

（1）零层渠道。通常叫做直接分销渠道。直接分销渠道是指产品从生产者流向最终消费者的过程中不经过任何中间商转手的分销渠道。直接分销渠道主要用于分销产业用品。因为，一方面，许多产业用品要按照用户的特殊需要制造，有高度技术性，制造商要派遣专家去指导用户安装、操作、维护设备；另一方面，用户数目较少，某些行业工厂往往集中在某一地区，这些产业用品的单价高，用户购买批量大。现在，某些消费品有时也通过直接分销渠道分销。

（2）一层渠道含有一个销售中介机构。在消费者市场，这个中介机构通常是零售商；在产业市场，则可能是销售代理商或佣金商。

（3）二层渠道含有两个销售中介机构。在消费者市场，通常是批发商和零售商；在产业市场，则通常是销售代理商和批发商。

（4）三层渠道含有两个销售中介机构。通常有一专业批发商处于批发商和零售商之间，该专业批发商从批发商进货，再卖给无法从批发商进货的零售商。

（5）更高层次的分销渠道较少见。从生产者观点看，随着渠道层次的增多，控制渠道所需解决的问题也会增多。

二、分销渠道的宽度切割

分销渠道的宽度是指渠道的每个层次使用同种类型中间商数目的多少，它与企业的分销策略密切相关。而企业的分销策略通常可分为三种：密集分销、选择分销和独家分销。

（1）密集分销，是指制造商尽可能地通过许多负责任的、适当的批发商、零售商推销其产品。消费品中便利品和产业用品中的供应品，通常采取密集分销，使广大消费者和用户能随时随地买到这些日用品。

（2）选择分销，是指制造商在某一地区仅仅通过少数几个精心挑选的、最合适的中间商推销其产品。选择分销适用于所有产品。但相对而言，消费品中的选购品和特殊品最宜于采取选择分销。

（3）独家分销，是指制造商在某一地区仅选择一家中间商推销产品，通常双方协商签订独家经销合同，规定经销商不得经营竞争者的产品，以便控制经销商的业务经营，调动其经营积极性，占领市场。

分销渠道的设计切割

一、影响分销渠道设计的因素

（一）产品因素

1. 产品的重量、体积

考虑到运输存储的条件和费用，较轻、较小的产品，一般用较长、较宽渠道；笨重及大件的产品，如建筑材料，多用较短渠道。

2. 产品的物理化学性质

易损、易腐产品，应尽量避免多次转手、反复搬运，迅速地把产品出售给消费者，故多用较短渠道，如牛奶、水果、蔬菜等。

3. 产品单价高低

一般而言，价格昂贵的产品，多用较短、较窄的渠道分销；较便宜的产品，销售渠道则较长、较宽。

4. 产品的标准化程度

标准化程度高、通用性强的产品，渠道可长可宽；非标准化的专用性产品，渠道宜短宜窄，一般由企业营销人员直接销售。

5. 产品技术的复杂程度

产品技术越复杂，使用时间越长，对有关销售服务尤其是售后服务的要求越高，而中间商缺乏必要的知识，一般多用较短渠道。

6. 是否耐用品

耐用品多用较短渠道，非耐用品多用较长渠道。

7. 是否新产品

新产品上市，多用较短渠道。一是销售渠道尚未畅通，企业缺乏选择的自主权；二是短渠道有利于企业强劲促销，若是已经打开销路的产品，可以考虑用较长渠道。

8. 式样与款式

花色款式多变、时尚程度较高的产品，如新奇玩具、时装、家具等，为避免过时，应尽可能缩短分配路线。

（二）市场因素

1. 市场区域的范围大小

市场区域宽广，宜用较宽、较长渠道；地理范围较小的市场，可用较短、较窄渠道。

2. 顾客的集中程度

顾客较为集中，可用较短、较窄渠道；顾客分散，需要更多地发挥中间商的作用，多用长而宽的渠道与之适应。

3. 竞争状况

通常，企业使用与竞争者品牌相同或类似的渠道，如食品企业。竞争特别激烈时，则应寻求有独到之处的销售渠道。例如，竞争者普遍使用较短、较窄渠道分销产品时，企业一反常规使用较长、较宽渠道。

4. 消费者购买习惯

顾客每次购买量少而购买次数频繁的产品，应采用较长渠道；顾客每次购买数量大而购买次数少的产品，应采用较短渠道。

（三）企业自身因素

1. 企业的规模和实力

规模大、资金力量雄厚的企业，有能力建立自己的销售队伍，对渠道的控制程度要求高些，或者要求渠道短些。而规模小、资金力量不强的企业，往往须依靠中间商为企业提供销售服务。

2. 企业的声誉和市场地位

对生产企业或经营企业来说，声誉越高，越容易取得与中间商的广泛合作，选择中间商的余地就越大；相反地，声誉不高或没有地位的企业，中间商不大乐意合作，选择的余地就比较小。

3. 企业的经营管理能力

管理能力较低的企业，需要物色可靠、信誉好的中间商提供服务，多用较长渠道；有能力控制销售渠道的企业，可选择较短渠道，不必依赖中间商。

4. 控制渠道的要求

凡企业在营销中需要对渠道时刻控制的，不宜采取长渠道、宽渠道结构；反之，如果企业不希望控制渠道，则可选择长渠道。

（四）环境因素

1. 经济环境

当经济不景气时，制造商总是希望以最经济的方式将其产品运到市场，他们力求使用较短的渠道，放弃可能增加货物最终价格的服务。

2. 政府有关立法及政策规定

专卖制度、反垄断法、进出口规定、税法等政策法令都会影响企业对分销渠道的选择。如烟酒实行专卖制度后，企业就应当依法选择指定的分销渠道进行销售；又如在出台限制企业进行多层传销的有关规定后，企业就不能选择多层传销这种分销渠道。

二、分销渠道的切割式设计

分销渠道的设计是整个渠道决策的核心，在研究了渠道的限制因素之后，渠道设计的下一步工作就是拟订可供考虑的分销渠道方案。每个分销渠道方案都涉及以下三个方面的因素：中间商的基本模式；每一分销层次所使用的中间商数目；生产者与中间商相互的责任。

（一）确定渠道模式

即确定渠道的长度。制造商在设计分销渠道时，首先要解决的问题，就是应该采用什么类型的分销渠道：是采取直接销售，实行产销一体化，还是通过中间商分销；是采用单层的短渠道，还是多层的长渠道；是利用经销商推销，还是委托代理商销售。制造商应根据自身实际、产品情况、市场条件等制约因素，全面权衡利弊，加以选择。确定渠道模式时，制造商可以沿用本行业其他企业采用的分销渠道，也可以探求更多创新的分销渠道。

（二）确定中间商的数目

即决定渠道宽度。企业在确定每一层次所用中间商数目时，有三种策略可供选择：密集性分销、独家分销和选择性分销。

1. 密集性分销

其是指制造商对经销商不加任何选择，经销网点越多越好，力求使商品能广泛地和消费者接触，在方便消费者购买的同时，也推动了产品迅速、广泛地占领市场。这种策略适用于日用消费品，或生产资料中普遍使用的标准件、小工具等的销售。

2. 独家分销

其是指制造商在某一地区仅选择一家中间商推销其产品，通常双方协商签订独家经销合同，规定经销商不得经营竞争者的产品。通常适用于高档服装、电器、汽车以及一些名牌商品的销售，或适用于使用方法复杂、需要较多销售服务的商品。这种策略有利于制造商控制中间商的业务经营，调动其经营积极性，占领市场。但是，独家分销使得销售渠道过于狭小，在抓住一部分消费者的同时，也往往使企业失去更多的市场，而且采用这种策略风险较大，由于产销双方依赖性太强，一旦中间商经营失误，往往使制造商蒙受巨大损失。

3. 选择性分销

其是指制造商在某一地区仅仅通过少数几个精心挑选的、最合适的中间商推销其产品。选择性分销适用于消费品中的选购品，也适用于所有产品。一方面，它比独家分销面广，有利于企业扩大市场，展开竞争；另一方面，它又比密集性分销节省费用，对分销渠道的控制也比较容易。有不少企业开始先采用密集性分销，以后再根据需要淘汰一些不理想的中间商，实行选择性分销，以提高效率，降低费用，为企业赢得更多的利润。

（三）确定渠道成员彼此的权利和义务

制造商需要与渠道的每个成员达成协议，明确各渠道成员的权利和义务。制造商应当为中间商制定价格目录和折扣明细表，提供供货保证、质量保证、退换货保证，明确应执行的特定服务。中间商应向制造商提供市场信息和各种业务资料，保证实行价格策略，达到服务标准等。尤其是对那些采取特许经营和独家分销渠道的情况更应该明确权利义务问题。

分销渠道的切割式管理

分销渠道的管理是指制造商对其分销渠道进行组织、激励、评估和调整方面的工作。具体包括以下几点。

一、选择渠道成员

制造商对中间商的吸引力，取决于制造商自身的声誉好坏和产品销路的大小。有些企业可以轻松地与所选定的中间商签约，比如丰田公司在为其豪华汽车销售吸引新的经销商方面就不存在任何困难；而有一些企业则要通过努力才能找到足够的符合要求的中间商，比如宝丽来在开始它的经营业务时，并不能说服专门的照相机商店来销售它的新相机，而不得不到百货公司进行销售。

二、激励渠道成员

在确定渠道成员后，制造商还要不断激励中间商，推动他们尽力做好销售工作。必须指出的是，中间商是一个独立的经营者，而不是制造商雇用在其营销链条上的一环，它有自己的经营目标、利益和策略。在很多情况下，中间商往往偏向顾客一边，视自己为顾客的采购代表，其次才是制造商的销售代表，只有顾客愿意购买的商品，中间商才有兴趣经营。

许多企业常采取软硬兼施的办法，试图使中间商做得更好。积极的激励措施，如较高的利润、交易中给予特殊照顾、奖金等额外酬劳，以及合作广告补助、展览津贴和销售竞赛等方式；消极的制裁措施，如威胁要减少利润、推迟交货甚至中止关系。但这些并非良策，因为它没有真正适合中间商的需要。激励的首要步骤，应该是站在别人的立场上了解现状，设身处地为别人着想，而不应仅从自己的观点出发看待问题。

三、评估渠道成员

要实现有效的渠道管理，除了选择和激励渠道成员外，制造商还必须按照一定的标准，定期对渠道成员的绩效进行评估。对表现出色的中间商给予表扬和奖励；对表现差的中间商给予帮助，或者作为最后的手段，寻找其他的中间商来替代他们。

这些标准包括：销售指标完成情况、平均库存水平、向顾客交货快慢程度、对损坏和损失商品的处理、宣传培训计划的合作情况以及对顾客的服务表现等。在这些指标中，比较重要的是销售指标完成情况。制造商可以比较每个中间商的报告期与前期的销量以及中间商的实际销量与定额指标，这样，制造商就可以进一步分析各个不同时期中间商销量的高低变化、中间商实际销量与定额指标差距的原因，然后有重点地对中间商进行诊断和激励。

四、调整渠道结构

在渠道管理过程中，为了适应市场的变化，如消费者购买方式发生改变、市场扩大、产品进入不同生命周期阶段、新的竞争者兴起以及新的分销渠道的出现等，整个分销渠道系统或者部分渠道系统必须随时加以修改。调整分销渠道结构，主要有三种方式：

（一）增加或减少分销渠道对象

就是指在某一个分销渠道模式里增减个别中间商，而不是增减这种分销渠道模式。但在增减中间商时，需要进行经济效益分析，也就是在增加或减少中间商后，企业利润将如何变化。

（二）增加或减少某一种分销渠道

这是指增减某一种分销渠道模式，而不是增减分销渠道里的个别中间商。在增减时，也需要作经济效益分析。

（三）调整整个分销渠道

对制造商来讲，最困难的是改变整个分销渠道系统，比如软饮料制造商想用直接装瓶和直接销售来代替各地的特许装瓶商。因为这不仅会改变整个分销渠道系统，而且还将迫使制造商改变原先的市场营销组合。所以它必须由企业的最高领导人作出决策。

中间商管理

一、中间商的概念

中间商是指介于生产者与消费者之间，专门从事组织或参与商品流通业务，促进交易行为实现的企业和个人。在商品经济条件下，商品交换一般是以中间商为媒介进行的。它是社会化大生产和社会分工的必然结果，也是经济合理地组织商品流通、使其高效运行的必要结果。中间商的存在和发展有其必然性，一方面，一些企业由于资金等的限制，没有能力建立自己的分销网络而必须依靠中间商；另一方面，一些有能力自建分销渠道的企业不愿把过多的精力分散到渠道建设中而宁愿与中间商合作，由其负责自己企业的分销工作。中间商按其在流通过程中所处的环节分为批发商和零售商。

二、批发商

批发是指一切将物品或服务售给为了转卖或商业用途而购买的组织或个人的活动。批发商是指那些主要从事批发业务的商业企业，主要有三种类型：

（一）商人批发商

商人批发商又称“经销批发商”，指自己进货，取得产品所有权后再批发出售的商业企业。商人批发商按职能和提供的服务是否完全又可分为完全服务批发商和有限服务批发商。

1. 完全服务批发商

完全服务批发商执行批发业务的全部功能，提供的服务主要有保持存货、雇用同定的销售人员、提供信贷、送货和协助管理等。主要分为批发商和工业分销商两种。批发商主要是向零售商销售，并提供广泛的服务。工业分销商向制造商而不是向零售商销售产品。

2. 有限服务批发商

有限服务批发商为了减少成本费用、降低批发价格，只提供一部分服务。又可分为：

（1）现购自运批发商。这种批发商不赊销，也不送货，顾客要自备交通工具去仓库选购，当时付清货款，自己把物品运回。这类批发商主要经营食品杂货，其顾客主要是小食品杂货商、饭馆等。

（2）承销批发商。他们拿到顾客（包括其他批发商、零售商、用户等）的订货单，就向制造商、厂商等进货，并通知生产者将物品直运给顾客。承销批发商不需要仓库和库存，只要有办公室或营业场所即可。

（3）卡车批发商。从生产者处把物品装上卡车，立即运送至各零售商、饭馆、旅馆等。这种批发商经营的多为易腐和半易腐产品，一旦接到顾客要货通知立即送货，主要执行推销和送货职能，不需要仓库和库存。

（4）托售批发商。在超级市场和其他食品杂货商店设置货架，展销其经营的产品，卖出后零售商付给货款。这种批发商经营费用较高，主要经营家用器皿、化妆品和玩具等产品。

（5）邮购批发商。这是借助邮购方式开展批发业务的批发商。主要经营食品杂货、小五金等，顾客是边远地区的小零售商等。

（二）代理批发商

代理批发商包括代理商和经纪人，他们是不拥有商品所有权的组织或个人。代理批发商或者受生产厂家之托，寻找购买者；或者受需求者之托，与销售者联系。主要职能是为供需双方之间的买卖提供沟通的便利，促成交易，赚取佣金作为报酬。

1. 经纪人

经纪人的主要职能是为买卖双方牵线搭桥，促成他们直接谈判，从中收取佣金。经纪人一般不代买，也不代卖，不持存货，也不参与融资或承担风险。

2. 代理商

代理商的主要功能是代表买方或卖方在市场上从事营销活动，负责寻找顾客，代表委托者与顾客洽谈，办理代销、代购、代存、代运业务，从中收取佣金或手续费。代理商没有商品所有权，也没有定价权，不必代垫商品购买资金或承担市场风险。

（1）企业代理商。企业代理商也称“区域代理商”，是指在某一区域范围内为多家生产商代理销售业务的代理商。

（2）销售代理商。销售代理商是在协议规定的时间和范围内，为某一生产厂商独家代理销售业务的代理商，他们代理生产商销售全部产品，并为生产商提供很多的服务（如设置产品陈列和负责广告费用等）。

（3）采购代理商。采购代理商一般和买主建有长期关系，为其采购商品，经常为买主提供收货、验货、储存和送货等服务。该种形式的代理商常见于服装市场。

（4）佣金代理商。佣金代理商是指为企业临时代理销售业务的代理商，通常是以每一笔生意为单位同生产厂商建立委托代理关系。生意做完委托代理关系也就结束，然后按销售额的多少提取佣金。

（三）生产商及零售商的分店和销售办事处

这种类型的批发商是不通过独立的批发商，而由生产厂家或零售商自行组织开展批发业务的机构。主要分为两种类型。

1. 销售分店和销售办事处

这是生产厂商设立的组织批发销售业务的机构。其目的是为了改进自己的存货控制、销售和促销业务。一般来讲，销售分店持有自己的存货，销售办事处则不持有存货。

2. 采购办事处

许多零售商在一些大的市场中心设立采购办事处，这些采购办事处的作用与采购代理商的作用相似，但是前者是买方组织的组成部分。

三、零售商

（一）零售商的概念

零售商是指将所经营的商品直接卖给最终消费的个人或组织。在流通领域内，零售商处在商品运动的终点，商品经过零售便进入消费领域，从而实现商品价值。因此，其销售活动是在营业员和最终消费者之间单独、分散进行的，一般有特定的交易场所，各种商品与消费者直接见面，并随着商品的出售向消费者提供服务。

零售商的特点包括：其一，零售商的销售对象是最终消费者。主要包括：消费者个人、家庭、从零售商购买商品用作消费的机关团体等。商品经过零售，便离开流通领域进入消费领域，实现商品价值。其二，零售商的交易较批发商频繁，且每次交易的量小。由于零售商的销售对象是最终消费者，所以，作为个人和家庭的消费需要量较小，而购买次数却较为频繁。其三，零售商的地区分布较批发商广，一般分散在全国各地广大最终消费者中间。这是由零售商所处的地位决定的，零售商是专门从事零售贸易，直接为广大最终消费者服务的单位，而各种商品的最终消费者则分散在全国各地。

（二）零售业态分类

零售业态是零售企业为满足不同的消费需求进行相应的要素组合而形成的不同经营形态。零售业态按零售店铺的结构特点，根据其经营方式、商品结构、服务功能，以及选址、商圈、规模、店堂设施、目标顾客和有无固定营业场所进行分类。根据2004年6月30日实施的《中华人民共和国国家标准》，零售业态总体上可以分为有店铺零售业态和无店铺零售业态两类。

1. 有店铺零售业态

有店铺零售业态是有固定的进行商品陈列和销售所需要的场所和空间，并且消费者的购买行为主要在这一场所内完成的零售业态。

（1）杂食店。杂食店是以香烟、酒、饮料、休闲食品为主，独立、传统的、无明显品牌形象的零售业态。

（2）便利店。便利店是以满足顾客便利性需求为主要的目的的零售业态。

（3）折扣店。店铺装修简单，提供有限服务，商品价格低廉的一种小型超市业态。

（4）超市。超市是开架售货，集中收款，满足社区消费者日常生活需要的零售业态。

（5）大型超市。实际营业面积 6000 平方米以上，品种齐全，满足顾客一次性购齐的零售业态。

（6）仓储会员店。以会员制为基础，实行储销一体、批零兼营，以提供有限服务和低价格商品为主要特征的零售业态。

（7）百货店。在一个建筑物内，经营若干大类商品，实行统一管理，分区销售，满足顾客对时尚商品多样化选择需求的零售业态。

（8）专业店。以专门经营某一大类商品为主的零售业态。

（9）专卖店。以专门经营或被授权经营某一主要品牌商品为主的零售业态。

（10）家居建材商店。以专门销售建材、装饰、家居用品为主的零售业态。

（11）购物中心。购物中心是多种零售店铺、服务设施集中在由企业有计划地开发、管理、运营的一个建筑物内或一个区域内，向消费者提供综合性服务的商业集合体。

（12）V 家直销中心。由生产商直接设立或委托独立经营者设立，专门经营本企业品牌商品，并且多个企业品牌的营业场所集中在一个区域的零售业态。

2. 无店铺零售业态

无店铺零售是不通过店铺销售，由厂家或商家直接将商品递送给消费者的零售业态。

（1）电视购物。以电视作为向消费者进行商品推介展示的渠道，并取得订单的零售业态。

（2）邮购。以邮寄商品目录作为向消费者进行商品推介展示的主渠道，并通过邮寄的方式将商品送达给消费者的零售业态。

（3）网上商店。通过互联网进行买卖活动的零售业态。

（4）自动售货亭。通过售货机进行商品售卖活动的零售业态。

（5）电话购物。主要通过电话完成销售或购买活动的零售业态。

第十三章　关系营销与切割

东方文化的回摆——关系营销

一、关系营销理念的核心

关系营销是以系统论为基本思想，将企业置身于社会经济大环境中来考察企业的市场营销活动。认为企业营销乃是一个与顾客、供销商、竞争者、内部员工、政府机构和社会组织发生相互作用的过程，正确处理与这些个人及组织的关系是企业营销的核心，是企业成败的关键。关系营销将建立与发展同相关个人及组织的关系作为企业营销的关键变量。它从根本上改变了传统营销将交易视作营销活动关键和终结的狭隘认识。企业应在主动沟通、互惠互利、承诺信任的关系营销原则的指导下，利用亲缘关系、地缘关系、业缘关系、文化习惯关系、偶发性关系等与顾客、分销商及其他组织和个人建立、保持并加强关系，通过互利交换及共同履行诺言，使有关各方实现各自的目的。

二、关系营销的三个层面

关系营销建立在顾客、关联企业、政府和公众四个层面上，它要求企业在进行经营活动时，必须处理好与这四者的关系。

（一）建立、保持并加强同顾客的良好关系

顾客是企业生存和发展的基础。企业离开了顾客，其营销活动就成了无源之水、无本之木。市场竞争的实质就是争夺顾客，顾客忠诚的前提是顾客满意，而顾客满意的关键条件是顾客需求的满足。要想同顾客建立并保持良好的关系，首先，必须真正树立以消费者为中心的观念，并将此观念贯穿于企业生产经营的全过程。产品的开发应注重消费者的需要，产品的定价应符合消费者的心理预期，产品的销售应考虑消费者的购买便利和偏好等。其次，切实关心消费者利益，提高消费者的满意程度，为顾客提供高附加值的产品和服务。通过产品的品牌、质量、服务等，为顾客创造最大的让渡价值，使他们感觉到物超所值。最后，重视情感是在顾客作购物决策时的影响作用。飞速发展的技术使人们之间沟通的机会减少，但人们却迫切希望进行交流，追求高技术与高情感间的平衡。企业在经营中要注意到顾客的这种情感因素，并给予重视。

（二）与关联企业合作，共同开发市场

在传统市场营销中，企业与企业之间是竞争关系，任何一家企业若想在竞争中取胜，就得不择手段。这种方式既不利于社会经济的发展，又易使竞争双方两败俱伤。关系营销理论认为：企业之间存在合作的可能，有时通过关联企业的合作，将更有利于实现企业的预期目标。

1. 企业合作有利于巩固已有的市场地位

当今市场，细分化的趋势越来越明显，诸强各踞一方，竞争日趋激烈，任何企业要想长期保持较大的市场份额，其难度越来越大，通过合作可增强企业对市场变动的适应能力。

2. 企业合作有利于开辟新市场

企业要发展壮大就必须不断地扩大市场容量，而企业要想进入一个新市场，往往会受到许多条件的制约。但若在新市场寻找到合作伙伴，许多难题将迎刃而解。

3. 企业合作有利于多元化经营

企业为了扩大经营规模往往要向新的领域进军，但企业不可能对所有领域里的经营活动都十分熟悉。如果遇到一个十分陌生的领域，企业将要承担很大的风险，若企业与关联企业合作，这种风险就可能降低。

4. 企业合作还有利于减少无益的竞争

同行业竞争容易导致许多恶果，如企业亏损增大，行业效益下降，这对整个社会经济的发展将产生不良影响，而企业间的合作可使这种不良竞争减少到最低程度。每个企业各有所长，各有所短，发现和利用企业外在的有利条件是关系企业营销成败的重要因素。

（三）与政府及公众团体协调一致

企业是社会的一个组成部分，其活动必然要受到政府有关规定的影响和制约，在处理与政府的关系时，企业应该采取积极的态度，自觉遵守国家的法规，协助研究国家所面临的各种问题的解决方法和途径。关系营销理论认为：如果企业能与政府积极地合作，树立共存共荣的思想，那么国家就会制定出对营销活动调节合理化、避免相互矛盾、帮助营销人员创造和分配价值的政策。现代营销的内容十分广泛，相关团体与企业内部员工也是关系营销的一个重要方面。协调好与这些组织的关系，建立与企业员工的良好关系，就能为实现企业目标提供保证。关系营销是一项系统工程，它有机地整合了企业所面对的众多因素，通过建立与各方面良好的关系，为企业提供了健康稳定的长期发展环境。

三、关系营销的市场模型的切割

关系营销的市场模型概括了关系营销的市场活动范围。在“关系营销”概念里，一个企业必须处理好与六个子市场的关系：顾客市场、供应商市场、内部市场、竞争者市场、分销商市场、相关利益者市场。

（一）顾客市场

顾客是企业存在和发展的基础，市场竞争的实质是对顾客的争夺。最新的研究表明，企业在争取新顾客的同时，还必须重视留住老顾客，培育和发展顾客忠诚。通常争取一位新顾客所需的费用往往是留住一位老顾客所需费用的6倍。企业可以通过数据库营销、发展会员关系等多种形式，更好地满足顾客需求，增加顾客信任，密切双方关系。

（二）供应商市场

企业既要与顾客建立良好的买卖关系，也要与供应商建立合作关系。任何一个企业都不可能独自解决自己生产所需的所有资源。在现实的资源交换过程中资源的构成是多方面的，至少包含人、财、物、技术、信息等方面。与供应商的关系决定了企业所能获得的资源数量、质量及获得的速度。企业应本着双赢的理念，在市场上寻求共同的商机和合作开发的契机。只有与供应商亲密合作才能谋求低成本。

（三）内部市场

内部营销起源于这样一个观念，即把员工看做是企业的内部市场。任何一家企业，要想让外部顾客满意，首先得让内部员工满意。只有对工作满意的员工，才可能以更高的效率和效益为外部顾客提供更加优质的服务，并最终让外部顾客感到满意。内部市场不只是企业营销部门的营销人员和直接为外部顾客提供服务的其他服务人员，还包括所有的企业员工。在为顾客创造价值的生产过程中，任何一个环节的低效率或低质量都会影响最终的客户价值。

（四）竞争者市场

在竞争者市场上，企业营销活动的主要目的是争取与那些拥有和自己具有互补性资源竞争者的协作，实现知识的转移、资源的共享和更有效的利用。企业与竞争者结成各种形式的战略联盟，通过与竞争者进行研发、原料采购、生产、销售渠道等方面的合作，可以相互分担、降低费用和风险，增强经营能力。种种迹象表明，现代竞争已发展为“协作竞争”，在竞争中实现“双赢”的结果才是最理想的战略选择。

（五）分销商市场

服务营销的优劣是由企业所拥有的顾客多少来体现的。企业拥有的顾客越多，表明服务营销效果越好。企业营销活动中，顾客是构成中介市场的资源。顾客是通过其口传并形成口碑来体现其中介作用的。然而企业除了需要顾客的口碑来扩大顾客群，还要同中间商、代理商、联系人、增值者等诸多社会力量建立联系，这些力量也构成中介市场。

（六）相关利益者市场

金融机构、新闻媒体、政府、社区，以及诸如消费者权益保护组织、环保组织等各种各样的社会压力团体，与企业都存在千丝万缕的联系，对于企业的生存和发展都会产生重要的影响。因此，企业有必要把它们作为一个市场来对待，并制定以公共关系为主要手段的营销策略。

四、关系营销的实施可采取的步骤切割

（一）筛选并找出值得和必须与之建立关系的顾客

顾客对于任何企业来说都是至关重要的，企业时刻关注着吸引更多的新客户。但是，很多公司认识不到吸引某些关键的客户比吸引单纯数量多的客户更有价值。正如关注战略关系一样，公司也应关注“战略客户”。

（二）指派专人负责，明确其职责范围

可设关系经理，规定其负责的对象、目标、责任和评估效果的标准。

（三）制订长期及短期（年度）计划，明确计划期目标，要针对不同的顾客分别设计策略、方案和所需资源，形成多种战略关系

要想居于行业领导地位，保持顾客忠诚并使自己的产品和服务很快被接受，就必须实行成功的关系营销。虽然说建立牢固、持久的关系是一项艰难的工作，而且很难维持下去，但既然顾客有这么多的选择，那么即使在一个很狭窄的产品市场分区，建立个人关系也是保持顾客忠诚的唯一办法。

在许多变化极快的行业中，这些关系正变得比以前任何时候都重要。由于技术发展得异常迅猛且相互交织，没有哪家公司能拥有充分的专门技术知识，并通过采用及时和有效的方法把产品引入市场。举例来说，要制造一台个人电脑，公司需要精通以下领域的技术：半导体技术、显示器技术、磁盘驱动技术、网络技术、软件应用、通信和系统一体化，没有哪家公司能仅靠自己的力量在所有这些领域处于领先地位。

处于发展迅速行业中的公司需要组成战略关系主要出于以下原因。

（1）要想在当今的市场竞争中取胜，公司需要应用许多技术，计算机和通信技术的结合日益紧密，顾客希望产品的功能适应力强，但没有哪个公司能只靠自己的力量开发所有必要的技术。

（2）开发新技术的费用增长太快，公司若想生存下去，必须与他人共同负担这些费用。

（3）全球性的竞争要求公司为了进入和扩展市场，必须抛弃旧的民族主义的贸易争端。美国公司正面临着来自日本、德国和韩国公司的日益激烈的竞争，但为了尽快地占领市场和降低资金成本，许多美国公司也同一些外国公司组成联盟。

（4）技术比以前任何时候更新得都快。曾几何时，一家公司可以在许多不同技术领域居于领先地位，但现在，这已变得越来越困难。

（5）小公司需要管理人才、销售力量和资金，以保证在竞争中站稳脚跟，这一切只有通过建立战略关系才能实现。

（6）战略关系虽然不总是很明确，但它确实很重要，可以为公司增加可信度，所以一定要慎选战略伙伴。

许多战略关系都是由一家小公司和一家大公司组成的，这种关系能使每个公司均从中受益。处于发展中的小公司通过和有声望的大公司合作，可以为公司增加可信度，大公司可以充当可信参考，告诉市场：这家小公司经营得很成功。对于小公司来讲，这种合作关系有利于它从风险投资机构获得资金。假如某家小公司有诸如IBM、索尼、微软、苹果这样的公司作后盾，顾客便愿意同它打交道。

同时，大公司也可借此了解新技术。一般来说，小公司在开发新技术方面要比官僚作风较严重的大公司行动得更快。所以，通过和小公司建立联系，大公司可以很快地生产出一些创新性的产品并投放到市场上。制药行业的公司在这方面已有多年的经验。开发新产品和新市场，相对而言要快捷、节约一些，小公司所做的便是生产一些创新性的产品并发掘新的市场机会。

（四）进行反馈和追踪

测定顾客长期需求情况，了解顾客对产品的兴趣和需求，监控和评估每一顾客的购买行为，分析各项关系费用的投资效益。

关系市场的认识

根据培恩的观点，关系营销有以下六类市场：顾客市场、供应者市场、内部市场、相关市场、影响者市场和就业市场。顾客市场处于中心地位，企业在其他市场上的关系营销活动都是为了更好地满足顾客需求。然而，在激烈的市场竞争中，要想比其他企业更有效地服务顾客市场，必须处理好与其他市场的关系。培恩的关系市场模型如图 13－1 所示。

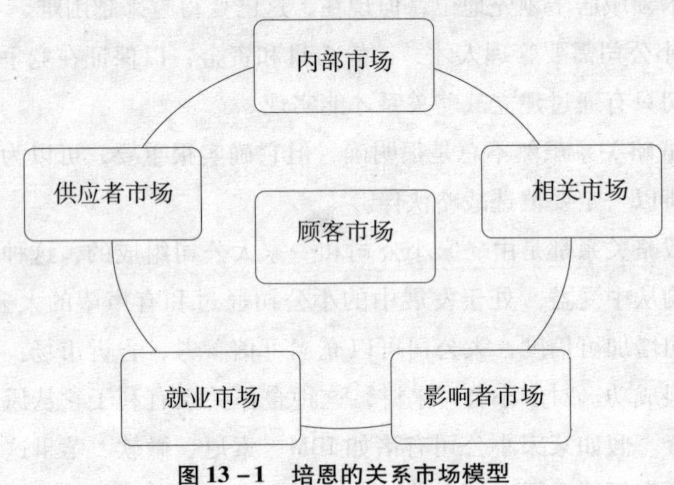

图 13－1　培恩的关系市场模型

一、顾客市场

顾客市场是传统营销理论中唯一认可的市场。可是即使在这里，关系营销与传统的交易营销也有所不同。交易营销偏重于一次性交易的活动，注重产品特色和短期效果，很少强调顾客服务，属有限的顾客参与和接触，质量主要由生产部门考虑。与此相反，关系营销则偏重于保持顾客活动，注重客户价值和长期效果，强调高质量的顾客服务，鼓励顾客参与和与顾客接触，是一种全员质量观指导下的营销活动。

培恩把顾客市场中企业与顾客的关系比喻为一个梯子，由下向上依次为潜在顾客、顾客、客户、支持者、宣传者和合作伙伴。传统的交易营销偏重于在下面两个阶梯运作，即发展新顾客和与现有顾客达成交易，关系营销则偏重于把现有顾客（第二个阶梯）向上发展，直至使其成为合作者（最高一个阶梯）。

二、相关市场

相关市场指那些中介组织，比如批发商、零售商和其他各种类型的分销商、代理商，以及广告商、银行、市场调研机构等中介组织。这些中介组织除了帮助企业进行正常的交易以外，与那些忠诚的顾客一样，也常常是未来生意的源泉。也就是说，处理好与它们的关系，不仅有利于企业稳定现有的客源，而且能够带来新的客源。

三、供应者市场

供应者市场指原材料、零部件或产品的供应者。传统理论更注重供应者与购买者之间讨价还价的对立关系，关系营销则注重二者的合作关系，即通过合作达到双赢。

四、就业市场

就业市场指那些有能力的待聘人员。企业要吸收的是优秀的待聘人员，这也许是现代经济中最稀缺的资源。发达国家的很多大公司为了得到优秀人才，纷纷向一些大学提供奖学金，当然一个重要条件是毕业后加入这些公司。

五、影响者市场

影响者市场指政府部门、法律部门、社会团体和一些投资基金等。各企业或组织所处的行业或发展阶段不同，所面对的影响者市场也不同。影响者会对企业或组织的发展起到支持与限制的作用。对影响者市场的关系营销主要是处理好与那些对企业或组织影响较大的影响者之间的关系，以获取最大的支持，而避免可能发生的各种不利影响。

六、内部市场

内部市场指企业内部的人员和部门，他们互为供应者和顾客。内部关系营销的目的，一是保证每个人和每个部门既是高质量服务的提供者，又是高质量服务的接收者；二是保证所有的人员都联合起来，为实现企业或组织目标、执行企业或组织战略而服务。

培恩的这一关系市场模型应该说是很全面的，包括了企业所要面对和处理的各种关系。不过，以顾客市场为中心或核心却不具有一般性。换言之，关系营销以顾客市场为中心是无条件的吗？如果眼光不仅仅局限于西方发达国家，不仅仅局限于部分产品或行业，也不仅仅局限于当代，那么对于这一问题的回答就是否定的。

培恩的关系市场模型，是以发达国家的市场环境为背景建立起来的，在买方市场条件下具有很强的代表性，但是放在其他市场环境里就有不适当之处。图 13 -2 在培恩模型的基础上稍做改变，使其更具代表性。

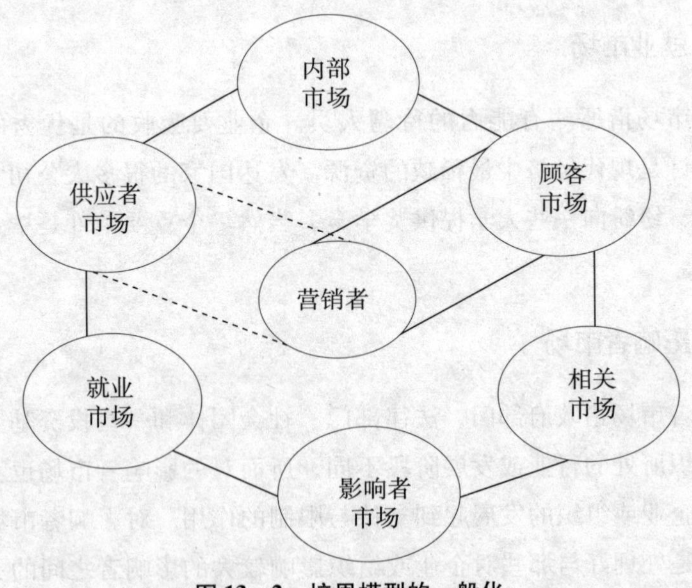

图 13 -2　培恩模型的一般化

由图 13－2 可见，这里取消了关系营销以顾客市场为中心的假定，使关系营销的中心市场依具体情况而定。在一定的市场条件下（如卖方市场条件下），关系营销的中心市场是供应者市场，而在另一种市场条件下（如买方市场条件下），关系营销的中心市场是顾客市场。对于大部分企业，关系营销的中心市场是顾客市场或供应者市场，而对小部分企业，关系营销的中心市场则是影响者市场（如政府部门）或相关市场（如银行）。图 13－2 中将营销者与顾客市场套在一起，表示顾客市场是企业关系营销的核心或重点。不过，这种关系是可以变化的。比如，从顾客市场移向供应者市场（虚线）。这样一种改变，使关系营销有了更广泛的适用性。

关系营销因素的切割分析

在传统的营销理论中，4P 模型占据了非常重要的位置，它告诉营销者可以采用哪些手段进行营销活动。尽管 4P 模型有很多的缺陷，但是它的最大优势就是让营销者知道应该做什么，使传统的营销理论具有很强的操作性。那么，关系营销因素都有哪些呢？

顾木森曾尝试增强关系营销的可操作性，仿照 4P 模型提出了关系营销的 30 个“R”。然而，这 30 个“R”，只是企业或组织可能面对的 30 种关系，而不能称为关系营销组合的 30 个可控因素。在关系营销的关键中间变量模型中，摩根和亨特将信任和承诺的前因看做类似于 4P 式的营销因素——要与某一个市场发展、维持和增进关系，企业或组织就要设法增大关系终结的成本、关系带来的利益、共同的价值观和沟通，而减小强权和“搭便车”行为。不过，这一模型更适合企业维持和增进既有的关系，而不太适合开发新的关系。因为第一，意识到某种关系的存在是一回事，而去建立与发展这种关系是另一回事；第二，强化已有的关系是重要的，但通过某种方法去建立和发展欲求的关系也同样重要；第三，强化已有关系的方法，可能并不适合开发新的关系。

根据中国传统文化中人际关系的处理方法，本书作者提出关系营销的五种方法，即予法、借法、化法、合法和信法，如图 13－3 所示。

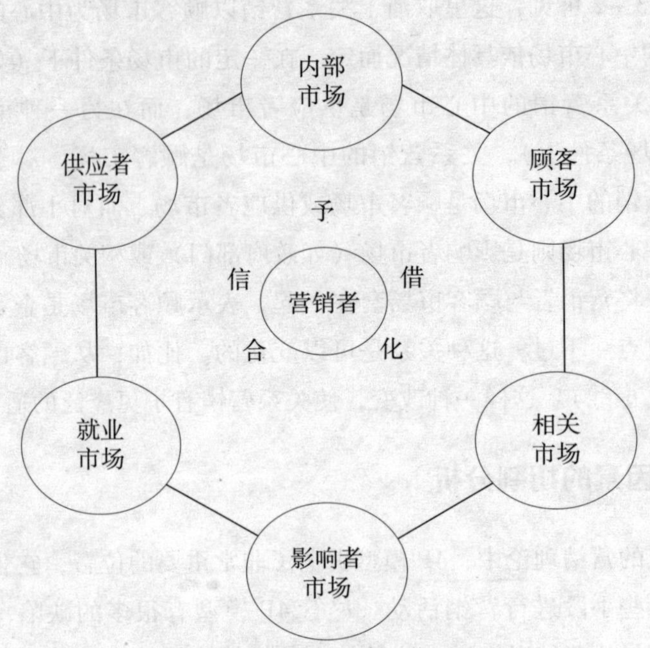

图 13－3　关系营销的组合因素模型

这五种方法可以看做关系营销的五大因素。它们不仅可以用于强化已有的关系，而且可用于开发新的关系。

一、予法

予法即给予之法。根据社会交往原理，在大多数情况下，人们在社会交往中会按照相互性原则处理与他人的关系。施恩，会得到报答；伤害，会得到报复。即所谓“善有善报，恶有恶报；不是不报，时候未到”。当你向某人施惠，对方即刻报答，这叫“不欠债相互性”。如果对方不能马上报答，表明对方欠了债，通常会延期报答。延期报答称为“欠债相互性”。欠债如果不能报答，就会出现关系双方的不平衡。不平衡产生权力。只要愿意，施惠方可以把他的意志强加于受惠方，而受惠方的服从可以看做对施惠方的报答。一个欠债而不思报答的人，会被社会视为忘恩负义的小人。这种谴责是一种社会惩罚。大多数人会选择报答而不会选择被社会谴责。正因为社会交往中存在这种相互性，所以以施惠为手段的关系营销才特别有效。

下表展示了关系营销的组合因素及其特点。

关系营销的组合因素及特点

因素	含义	具体操作方法分类	特点
予法	给予方法	物质利益：雪中送炭和锦上添花 非物质利益：扬人之善和掩人之过 物与非物的结合：送人情和给面子	非即时回报性 人情法则：超额回报
借法	借用、利用之法	借力、借名、借势 外借、自借、互借和串借 明借与暗借	非强迫性 有利于建立互惠的关系网络
化法	将相克关系转化为相容关系	威逼利诱：重新划定利益边界 风雨同舟：强化外部冲突，化解内部纷争	对外，不战而屈人之兵 对内，解决矛盾，增加凝聚力
合法	利用某种共有的东西发展关系	共同的利益 五缘文化营销：亲缘、地缘、业缘、物缘、神缘	关系跳跃式发展 寻找有效的关系路径最重要
信法	取信于人，建立长久的合作伙伴关系	关系营销的关键中间变量模型：共同利益、共同的价值观、沟通、权力使用和减少投机行为	适用于强化已有的关系，而不太适用于没有发生的关系

然而，予，也要讲究策略和技巧。恰当的予，事半功倍；而不当的予，轻者达不到预期的效果，重者可能触犯法律。讲究予的策略和技巧，就是根据具体情况，针对不同的市场，采用不同的予法。具体的予法可分为以下几种："雪中送炭"；"锦上添花"；扬人之善；给人面子；己所欲，施于人。

二、借法

借法即借用、利用之法。予法是自己出钱、出力，建立各种互惠关系，借法则是借用他人之资、他人之力，建立一个互惠关系网。借法可再分为借力、借名和借势。借力泛指借他人之人力、物力和财力，惠及自己的关系市场。借名指借别人的名气或名义，发展、维持和增强欲求的关系。借势则指借某种社会趋势，影响关系朝有利于自己的方向发展。

比如，一个企业了解到一家国外的大公司正准备在中国寻求投资机会，而企业所在的地方政府又特别希望有外资企业来投资。于是这家企业借地方政府之名，与外商接触，谋求合作；项目谈成，又借外商之力，谋求政府支持。该企业不费一枪一弹，不仅占尽先机，还发展和加强了与外商和地方政府的关系。由此可见借法之妙。

三、化法

应用予法与借法的前提是，予者与被予者之间、借者与被借者之间存在相生或相容关系。如果是相克关系，就不能简单应用上述方法。化法是此时可以使用的一种方法。化者，将相克关系转化为兼容关系也。具体可再分为两种：一个是威逼利诱，另一个是风雨同舟。

威逼利诱指当一方的行为威胁到自己的利益，而直接与其发生冲突则会两败俱伤，这时，一方面出让一些利益诱导对方，另一方面做出姿态威胁对方，使对方改变行为，与自己合作。

风雨同舟指利用外部压力，发展内部关系。政治学中有一种外部压力理论，说的是当外部威胁加大时，内部的纷争就可能减少，团结起来，一致对外。当一批小企业面对一个共同的实力强大的竞争对手时，与其束手待毙，不如团结一心，同舟共济。当经济形势不景气时，更容易使企业的所有员工团结一致，渡过难关，走出困境。

四、合法

予法、借法和化法，都是以物质利益为出发点处理企业或组织面对的各种关系。合法则是利用非物质的东西，比如共同的经历、信仰、种族或民族、历史等，建立、维持或巩固欲求的关系。社会心理学告诉我们，当人们相信他们与另外一个人之间有某种关系或某种缘分时，不管这种关系或缘分多么微小，也会影响他们对这个人的态度和行为。奥恩和贝瑟尔的一项实验非常有代表性。他们找了一些助手在大学校园中做调查，请学生们向一个著名的慈善机构捐款。一种情况下，调查人员不提供任何个人的资料；另一种情况下，调查人员先问："你是不是学生?"然后说："噢，太好了，我也是!"这才请学生们捐款。结果表明，第二种情况下，有25%的学生捐款，而第一种情况下只有9.8%。这项实验他们做了多次，结果大同小异。他们认为，这实际上是社会交往理论中的"相互性原理"在起作用。

中国人历来重视人和人之间的缘分，正所谓"有缘千里来相会，无缘对面不相识"。国内有学者主张"五缘文化营销"，即利用合法进行关系营销。五缘包括亲缘、地缘、业缘、物缘和神缘。亲缘指宗族亲戚关系，包括血亲、姻亲和假亲（如金兰结义)。地缘指邻里、乡党关系，即通常所说的"大同乡"和"小同乡"。业缘指同学同行关系。物缘指以物为媒介的关系，如共同喜好某种东西。神缘指宗教信仰关系，如共同信奉某种宗教。这五缘基本上概括了合法可以利用的各种关系。合法的真谛在于：利用关系，建立、维持和发展关系。

五、信法

所谓信法，即取信于人，以求建立长久的合作伙伴关系。正如摩根和亨特指出的，任何长期合作互利关系都依靠信任维持，不论这种关系是水平的合作关系，还是垂直的权力关系。失去了别人对你的信任，就失去了合作和权力的基础，你也就成了孤家寡人。

取信的方法很多。前面摩根和亨特在其关系营销的关键中间变量模型中已经比较全面地讨论了这些方法，如通过共同的利益、共同的价值观，通过加强沟通与联系，通过减少使用强权和"搭便车"行为等。

关系营销的策划与实施的切割性管理

一、确定目标关系市场

确定目标关系市场，相当于在一般的营销策划中选择目标市场。它为企业的关系营销指明了方向。企业需要回答下述问题：为了实现战略目标和营销目标，企业要面对哪些重要的关系？这些重要的关系都对企业哪些方面有怎样的影响？这些关系之间有没有交互影响？有怎样的交互影响？哪一个或哪几个关系是关键？哪一些重要的关系应该被确定为企业主要的关系市场？企业的关系市场应该有怎样的优先排序？是否需要针对几个关系市场同时进行关系营销？针对某一关系市场进行关系营销的目的是什么？

通过对企业各种关系的比较和权衡，找出那些对企业实现战略目标或营销目标影响最大的，将其确定为目标关系市场，进行有针对性的关系营销活动。

确定目标关系市场涉及关系营销的效力问题，是做什么而非怎样做的问题，因此是对关系营销在战略层面上的思考，属于关系营销的战略策划。

二、目标关系市场分析

目标关系市场分析的目的，是进一步了解企业所选定目标关系市场的性质与现状。

分析目标关系的性质，就是搞清楚企业与某一关系市场互动的性质是利益共享、互补、相容还是对立？分析结果将直接影响企业对关系营销因素或工具的选择。比如，我们前面讲过，要应用予法与借法，前提是予者与被予者之间、借者与被借者之间存在相生或相容关系。不过，如果企业与关系市场是相克关系时，就不能简单地应用予法与借法了。这时，一种可能的选择是化法，将相克的关系转化为相容的关系。

分析目标关系的现状，就是要搞清楚目前企业与目标关系市场处于关系生命周期的哪个阶段，有什么特征。根据关系生命周期理论，不管是人际关系还是组织之间的关系，从动态过程上来看，都可以分为知觉、开发、强化、承诺和散伙五个阶段。在关系发展的不同阶段，关系表现出不同的基本特征。

（1）在知觉阶段，一家企业发现它与另一家企业有共同的利益，因此希望后者能够成为其交易伙伴。它一方面了解对方的历史和与其他企业的互动状况，以判断对方是否值得交往，另一方面寻找第三方在适当的时机起到中介作用。这时，在双方之间基本没有或只有少量旨在对彼此进行初步了解的沟通和互动。因此，在很多情况下，第三方的中介作用很重要，这是达成彼此了解和信任的一条捷径。知觉阶段的活动结果如果是正面的，渠道关系的发展就会进入下一阶段；如果是负面的，渠道关系没有开始就终止了。

（2）在开发阶段，一方试探性地与另一方接触，开始尝试性的合作，比如进行一些市场交易活动。在进行市场交易活动时，双方都在小心地考察、考验和评估对方。关系的发展是渐进的。这一阶段可能持续较长的时间。如果双方的接触与初步合作是愉快的，它们就会增强沟通与互动；彼此之间，有了角色定位和互依性，开始有选择地披露一些相关的信息。它们甚至开始商谈，希望加强合作，或者开展范围更加广泛的合作。当然，如果接触与初步合作是不愉快的，关系发展可能就此停下来或结束。

（3）在强化阶段，合作使双方得益，并且都有进一步发展关系的动力——都愿意为合作承担更大的风险和责任。这时，在渠道成员之间，沟通增多，合作增强，互依性提高，目标有了更高的一致性，信任螺旋式上升，其他企业的替代性降低。

（4）在承诺阶段，经过长时间的考验，双方都坚信他们之间关系稳定，谁也不会轻易寻找或使用替代者。为了使合作能够更好地展开，双方都有意加大交易专有资产的投入，巩固和维持它们之间已达成的伙伴关系。即使出现一些矛盾与冲突，也比较容易化解。如果企业间良好的合作关系用某种合约的形式固定下来，就是渠道成员之间的战略联盟。

（5）大多数渠道关系的散伙，是环境或双方的某些方面发生了变化，使双方失去了合作的基础所致。但也可能是由于其他因素导致，如一方的投机行为、强权行为或维系双方关系的关键人物离去等。

三、关系营销因素选择与组合

如前所述，关系营销有五种基本方法，即予法、借法、化法、合法和信法。关系营销因素选择与组合，就是要针对不同目标关系市场的特性（即性质与现状），根据企业的关系资源，将这五种方法进行整合，综合运用，以达到最佳的效果。

比如，在营销渠道的合作关系中，企业可以根据渠道合作关系的性质（利益互补、相容）和所处关系生命周期的阶段，选择适用的关系营销方法。

（1）在关系的知觉阶段，以借法和合法为主。使用借法，借第三方的信息、第三方的影响力和关系网络，了解对方，与对方进行初步的接触。使用合法，以共同的经历、信仰、种族或民族、经历等为媒介，了解对方，达成彼此间的初始信任。

（2）在关系的开发阶段，继续使用借法与合法，辅之以予法。使用借法与合法，容易取得对方的信任，也容易拉近彼此之间的距离。对于那些自己想与之进一步发展关系的合作者，使用予法——将合作者的利益置于自己的利益之上，宁肯自己少得利甚至不得利，也要首先保证这些组织的利益，让对方感觉到自己是真正关心他的利益。

（3）在关系的强化阶段，可以利用的关系营销手段主要是予法和信法。使用予法，一是优先考虑合作伙伴的利益，二是率先投入能够增进关系发展的交易专有资产。使用信法，通过共同的利益、共同的价值观把彼此联系起来；通过加强沟通与联系，彼此适应对方；通过减少使用强权和“搭便车”行为，避免不信任感产生。这时，只有取信于人，良好关系才可能巩固与强化。

（4）在关系的承诺阶段，因为经过长时间的考验，双方都坚信他们之间关系稳定，谁也不会轻易寻找或使用替代者，所以除了继续使用信法，巩固和维持这一关系以外，其他手段虽然可以采用，但必要性不大。

（5）在关系的散伙阶段，如果企业还想使关系得以继续，化法是在这一阶段可以采用的。关系面临着解体，经常是原来双方相容的关系转化为相克的关系。利用化法，有可能将相克的关系再转化为相容的关系。

四、关系路径寻找与选择

关系路径寻找与选择是在确定了针对谁和做什么的问题以后，思考关系营销的具体操作问题，包括：谁来做或通过谁来做？什么时间做？如何做？如何予？如何借？如何化？如何合？如何信？

在中国的关系营销中，尤其要注意关系路径的寻找与选择。因为中国人讲关系，并根据血缘和情感的远近，将关系基础分为家人关系、熟人关系和生人关系。不同的关系基础，有着不同的功能，代表着不同的关系水平和进一步发展关系（也即交往）的难度或成本。关系路径选择就是要找到关系发展的捷径。常识告诉我们：在一个城市中，一个人可以通过四五个人认识这个城市中几乎所有的人，关键是要找对通向欲结交之人的“关系路径”。与一个人发生直接联系的关系基础是有限的，但通过家人或熟人与自己发生间接联系的关系基础则是无限的。

五、制定关系营销规范

在进行关系营销时，要特别注意法律与道德问题。尽管企业不可能解决所有的道德问题，但通过制定关系营销的内部规范，至少可以在一定的限度内，抑制不道德甚至违法关系营销的发生。

企业可以根据关系营销人员工作的特殊性，针对关系营销人员制定特殊的道德规范。比如，明确界定道德与不道德的关系营销行为，明确说明不道德关系营销行为从长远看对企业的危害，以提高关系营销人员的道德意识。

当然，企业在制定关系营销的道德规范时还要注意，不要掉入“道德理想主义”的陷阱，否则有可能发生“劣币驱逐良币”的逆向替代。比如，对于自己的关系营销人员有过高的道德要求，很有可能使企业自己受损，而使那些低素质的企业胜出。又如，对于灰色营销而言，它虽是一种恶性竞争，但力量强大，绝不可等闲视之。比较稳妥的策略是：有限制地参与——不让劣者淘汰自己；但始终以正常营销为主——不让一时的得失迷惑了自己。

六、关系营销的实施

关系营销方案的实施可以分为两个阶段：模拟布局和分工实施。

模拟布局即方案在正式实施之前，先进行演练。此时，管理者必须根据已经拟定的预算表与进度表，运用图像思考法，模拟出方案实施的布局与进度。所谓图像思考法，就是将未来可能的发展，一幕一幕仔细在脑海中呈现出来，事先在脑子里进行预演。

进入分工实施阶段，方案从“构思”过渡到“动手”。管理者一方面，要把各项任务分配到具体的人或部门，以便分头实施；另一方面，要根据修正的预算表与进度表，严格控制预算及实施进度。管理者要运用组织力量，组织、指挥与协调企业的各种力量，努力完成策划方案规定的任务。

第十四章　宣传沟通管理与切割

企业营销信息传播的切割

一、广告

广告是由广告主（通常是企业）通过付费方式发起，对产品、服务或企业进行的宣传行为。

按照内容，广告可以分为产品广告和企业广告。产品广告的主要目的是介绍产品或服务，树立产品或服务的形象。虽然可以帮助企业树立良好的形象，但是产品广告不直接宣传企业形象。企业广告的主要目的是树立企业形象。一些由企业做的公益广告也属于企业广告。

按照目的，广告可以分为告知性广告、劝导性广告和提示性广告。告知性广告着重宣传产品的质量、性能、品种、用途、价格和服务，解除顾客对产品的顾虑，诱导顾客尝试初次购买。劝导性广告着重宣传产品的用途，说明产品的特色，突出产品的优越之处，使顾客形成偏好。提示性广告着重宣传商品的市场定位，不断强化顾客对商品的认识、理解和记忆，巩固企业产品在市场上的地位。

按照采用的媒体，广告可以分为印刷广告、视听广告和户外广告。印刷广告的媒体主要包括报纸、杂志和外包装。视听广告的媒体主要包括电台、电视台和互联网。户外广告的媒体主要包括招贴、广告牌、交通牌和霓虹灯等。

与其他信息传播手段相比，广告有以下四个主要特征：

（1）群体传播，迅速触及广泛的受众，短期的营销刺激比较强烈；

（2）媒体费用高，但受众人均费用低；

（3）通过重复和节奏控制，可以获得与受众接触的倍增效应，产生较大的营销磁滞，从而潜移默化地塑造品牌和企业形象；

（4）内容由企业控制，可以向所有目标受众传播同一信息，运行模式简单，运用得当，具有较强的冲击力。

二、人员推销

人员推销是企业通过派出推销人员，与一个或多个潜在顾客面谈，做口头陈述，促进和扩大商品销售的信息传播行为。

具体做法包括上门推销、柜台推销和会议推销。上门推销是最常见的人员推销形式，由推销人员携带产品样品、说明书和订单等走访顾客，推销产品。柜台推销又称门市，是指企业设置固定门店或在零售店内设置柜台，由企业委派的营业员向进入门市的顾客推销产品。会议推销是指企业通过自己的推销人员，利用各种会议向与会人员宣传和介绍产品，开展推销活动，如订货会、交易会、展览会、物资交流会等。

与其他促销方式相比，人员推销有以下几个方面的特点：

（1）信息双向沟通，推销人员可以通过察言观色或询问的方式，随时了解顾客的反应，进行更有针对性的宣传活动；

（2）灵活，推销人员可以在不同的时间，根据不同需求，采用不同的宣传方式；

（3）针对性强，在开展推销活动之前分析和了解顾客的需要和欲望，在推销过程中及时解决顾客提出的问题；

（4）与顾客接触机会多，容易建立较稳固的购销关系；

（5）是企业收集市场信息的一条重要途径。当然，它也有覆盖面小、信息传播费用高和发生作用需要较长时间的缺点。

三、销售促进

销售促进是指企业采用的那些能够刺激顾客需求，使顾客立即采取购买行为的信息传播活动。销售促进的方法很多，几乎包括除广告、人员推销、公共关系和直复营销以外的其他所有促销方式。换言之，只要一种促销方式无法放在其他的促销方式中，就可以认为是销售促进。

从大的方面，销售促进可以分为针对消费者的销售促进和针对中间商的销售促进。针对消费者的销售促进，包括优惠券、赠品、抽奖、价格折扣、售点展示、展销和消费信贷等；针对中间商的销售促进，包括数量折扣、现金折扣、推广津贴、销售竞赛和贸易展销等。

与其他信息传播方式相比，销售促进的主要特点有：

(1) 利益诱导，刺激作用直接而强烈，能够直接给消费者、用户、经营商或推销人员带来利益；

(2) 更注重产品销售目标，迅速见效；

(3) 方式多样，不拘一格。销售促进的方式非常多，而且还会不断开发出新的方法。比如，曾经在很多城市流行的家电产品“还本销售”，虽然存在很多问题，但是当时确实引起了轰动，引得很多企业纷纷效法。

不过，销售促进往往伴随着各种优惠活动，很容易使人联想到企业生产经营遇到了问题，产品积压，质量下降，甚至有倒闭的危险，有损产品或企业形象。因此，注重品牌形象的企业要慎用。

四、公共关系

公共关系是企业为了树立良好的企业形象或扩大商品销售，采取的促进公众对企业认识、理解及支持的信息传播活动。公共关系管理的职能，包括评估社会公众的态度，确认与公众利益相符合的个人或组织的政策与程序，拟订并执行各种行动方案，以争取社会公众的理解与接受。

与广告相似，企业进行公共关系活动也要利用各种各样的大众传播媒体，如报纸、期刊、电视、广播以及商业出版物等。不同在于，企业在进行公共关系活动时，利用的大众传播媒体一般是不付费的。当然，也有一些关于企业的报道属“有偿新闻”，但那实际上是广告与公关活动的某种结合，受国家政策或法律的限制。另外，还有一些“软文广告”，貌似新闻报道，实为企业广告，也是广告与公关活动的某种结合。这两种广告或公关活动如果把握不好分寸，很可能违反道德甚至触犯法律。

与其他的信息传播方式相比，企业公共关系的特点如下：

（1）目的在于树立企业整体形象，促销只是附带功能；

（2）是一项长期的形象工程，必须有长远眼光；

（3）对于结果企业难以控制。在公共关系活动中，媒体的立场和企业的立场并不完全相同，而且传播什么信息是由媒体而不是企业主导。

五、直复营销

直复营销运用一种或多种通信手段或广告媒介，传播企业的营销信息，促使某一区域的消费者产生购买动机，到展示店购买或通过各种方式订购。一般的过程是：传播信息—消费者产生购买动机—消费者订购—企业送货。

直复营销有以下几种典型形式：

（1）目录营销，即生产商、批发商或零售商把所经销的全部产品制成商品目录或分类目录，通过报纸杂志、广播电视、电脑网络等，传达或寄送给潜在顾客，潜在顾客则根据需求下单选购，企业或者在门店销售，或者送货上门。

（2）电话营销，即企业运用电话进行沟通，获取订单，然后送货上门或上门服务。车船机票、信息咨询、饭店订餐、家政服务以及住房装修等常用这种方法促销。

（3）直复广告，企业在广播、电视或现代网络上登载广告，描述或演示商品外形、规格、使用特性、作用效能、操作示范、价格比较和服务承诺等，吸引顾客即刻做出反应，电话订购，企业则送货上门。

（4）电子网络销售，企业通过互联网直接向最终消费者或用户进行信息传播和营销活动。

可以说，直复营销使用了当今世界上最为先进、快捷和方便的信息传播方式，适应了人类现代科学技术的发展和一部分人生活方式的要求。直复营销有以下几个显著特点：第一，非公众性，信息一般发送至某个特定的人；第二，定制，信息为某人定制以满足他的诉求并发送给他；第三，及时，信息传播速度非常快；第四，交互反应，信息内容可根据个人的反应而改变。

不过，直复营销在中国还没有得到普遍认可，很多消费者对其持怀疑态度。这在一定程度上限制了直复营销作用的发挥。另外，一些不法之徒的欺骗活动，也在很大程度上损害了直复营销的声誉。

营销沟通的切割式管理

一、营销沟通的主要形式

营销沟通的主渠道，主要有广告、人员推销、营业推广、公共关系、包装、电话、文信推销等。广告，是高度大众化的媒体传播方式，具有传播范围广、速度快、重复性好，并因充分引用文字、声音、色彩而极富表现力的特点，适合向分散的受众和众多目标顾客传递信息，但应注意其投入比与市场效果，并严格掌握使用。人员推销，是一种古老的方式，但灵活、有助于建立长期信任与联系、能及时获得信息反馈，因此，营销人员应予以广泛应用。营业推广，是指采用刺激手段，吸引顾客。如赠样品、优惠券、以旧换新、减价、免费限期试用、示范、竞赛、折扣、商品津贴、合作广告、有奖销售等方法，均属此列。具体需采取何种方式，应预拿方案讨论、报批。公共关系促销，尤其是大型工程和批量消费，应充分运用各种手段，发挥经纪人作用，利用能为我所用的一切关系，广泛开展公共联系（政治关系、亲朋关系、业务关系、协作关系及其他关系等）促销。因此，要求营销人员充分掌握信息源头，分析出目标顾客，物色好关键攻关人物，予以重点突破，公司应对此给予大力支持。

二、营销沟通模式

（一）沟通模式的要素

营销沟通模式包含以下九个要素：

（1）发送者——谁，在沟通过程中担负着信息的收集、加工和传递的任务。发送者既可以是单个的人，也可以是集体或专门的机构。

（2）信息——说什么，是指沟通的信息内容，它是由一组有意义的符号组成的信息组合。符号包括语言符号和非语言符号。

（3）媒体——通过何种渠道，是信息传递所必须经过的中介或借助的物质载体。它可以是诸如信件、电话等人与人之间的媒介，也可以是报纸、广播、电视等大众传播媒介。

（4）接收者——对谁说，是所有受传者，如读者、听众、观众等的总称，它是沟通的最终对象和目的地。

（5）噪声——营销沟通过程中的干扰。

（6）编码——发送者一端，是指将信息转化成便于媒介载送或受众接收的符号或代码。

（7）解码——接收者一端，是指将接收到的符号或代码还原为发送者所传达的那种信息或意义。

（8）反应——效果，是信息到达受众后在其认知、情感、行为各层面所引起的反应。

（9）反馈——效果，它是检验沟通活动是否成功的重要尺度。

（二）影响沟通有效性的因素

1. 受众接受信息的特点

（1）选择性注意：受众不可能注意到所有的刺激因素。

（2）选择性曲解：受众可能按照自己的意图来曲解信息。

（3）选择性记忆：受众可能只记忆所得到信息的很小部分。

2. 影响沟通有效性的其他因素

影响信息有效沟通的一些常见因素：

（1）沟通者对接收者的控制欲越强，接收者的变化或在他们身上所起的作用对于沟通者就越有利；

（2）信息与接收者的意见、信仰及思想倾向越一致，沟通的效力就越大；

（3）沟通可能对不同于接收者价值系统中心的不熟悉的、轻微的、非本质的问题产生最有效的转变作用；

（4）当信息发送人被认为是有经验、地位高、较客观、和蔼可亲的人时，沟通更可能有效；

（5）社会环境、社会群体和相关群体，不论其是否公开承认，都是传递沟通和产生影响的媒体。

三、营销沟通决策的切割式管理

在制订一个有效的营销沟通方案时，企业通常遵循以下步骤。

（一）确定目标沟通对象

有效的营销沟通要求营销沟通者必须首先确定其目标沟通对象，目标沟通对象将会极大地影响营销沟通者实现有效的营销沟通的一系列决策。沟通对象通常包括：潜在购买者、当前使用者、购买决策者、购买影响者、产品经销商、一般公众。

在确定目标沟通对象的过程中，营销沟通者应该注意寻找与目标沟通对象相关的个人的和心理的特点，据此指导信息与媒体的选择。目标沟通对象确定之后，营销沟通者还必须研究目标沟通对象的需要、态度、偏好和其他特征。其中，最为重要的是研究并证实目标沟通对象对于企业、产品和竞争者的现有印象。人们对某一对象的态度与行为是受他们对这一对象的信念、观念和印象制约的，因此，研究企业及其产品给目标沟通对象留下的现有印象，是确定适宜的沟通目标的基础。

（二）确定营销沟通目标

沟通目标不等同于营销目标。营销目标的实现依赖于生产、定价和沟通等多方面因素，沟通经理的职责就是将整个营销目标落实到具体的沟通活动的目标中。而营销沟通目标是营销沟通者通过广泛、迅速和连续地传播信息，以期在大量的、多种多样的目标沟通对象中可能寻求到的认识反应、情感反应或行为反应。营销沟通者在确定了目标沟通对象及其特点后，必须确定期待目标对象作出何种反应行为。当然，最终的反应行为是购买，但购买行为是消费者进行购买决策的长期过程的最终结果。在决定购买之前，消费者大多依次经过认知、情感和行为阶段，相应地形成一系列认知、情感和行为反应层次。因此，从消费者完整的购买决策过程与消费者在购买过程中所处的位置来看，确定营销沟通目标即确定如何把沟通对象从他们目前所处购买过程的层次推向更高的准备购买阶段或准备购买状态。

沟通目标也不等同于增加销售额。很多经理认为，对于沟通活动来说，具有实际意义的目标应该是销售额。然而一方面，销售业绩是多种因素共同作用的结果，广告使得客户认知并对品牌产生兴趣，但可能因为缺货或价格太贵而不购买。另一方面，营销沟通效果存在时滞，从而使销售额作为沟通目标和衡量尺度变得更加困难。

（三）选择信息沟通渠道

营销沟通者必须选择有效的媒体，即信息沟通渠道，把自己的意图传达给顾客。信息沟通渠道大致可以分为两大类，即人员沟通渠道与非人员沟通渠道。

1. 人员沟通渠道

人员信息沟通渠道是指两个或更多的人相互之间直接进行信息沟通。人员信息沟通渠道还可以进一步区分为提倡者渠道、专家渠道和社会渠道三种形式。他们负责与消费者接触；专家渠道由向消费者做宣传的独立专家组成；社会渠道由邻居、朋友、家庭成员及同事组成，他们直接与购买者沟通。

2. 非人员沟通渠道

通常是指无须通过人与人的直接接触来传递信息或影响的渠道。非人员信息沟通渠道也可以分为三种主要形式，即媒体、气氛和事件。媒体由印刷媒体（报纸、杂志、信函）、视听媒体（电台、电视）、电子媒体（录音带、录像带、视盘）及陈列媒体（广告牌、标牌、海报）组成。气氛是指经过包装起来的整体配套的环境，它可以促使消费者产生（或增强）购买（或消费）产品的愿望。零售企业现场广告和促销等最能形成购买气氛。事件是指为了把特别信息传达给目标受众而设计的活动。如公共关系部门安排的记者招待会、隆重的开幕式和赞助体育、重大科技、教育、慈善、环境保护等活动，以达到高效传播的目的。

人员沟通渠道与非人员沟通渠道的效应与效果有相当明显的差别，这种差别在一定程度上限制着营销沟通者意图的表达和目标的实现。这一点必须引起沟通者充分的认识和注意。不过，人员沟通渠道与非人员沟通渠道之间亦非针对，相互排斥。

营业推广方式选择的切割

营业推广是与人员推销、广告、公共关系相并列的四种促销方式之一，是构成促销组合的一个重要方面。

一、营业推广的概念与作用

（一）营业推广的概念

营业推广又称销售促进，是一种适宜于短期推销的促销方法，是企业为鼓励购买、销售商品和劳务而采取的除广告、公关和人员推销之外的所有企业营销活动的总称。

美国销售学会对营业推广的定义是人员推广、广告和宣传以外的用以增进消费者购买和交易效益的促销活动，诸如陈列、展览会、展示会等不规则的、非周期性发生的销售努力。营业推广是企业用来刺激早期需求或强烈的市场反应而采取的各种短期性促销方式的总称。典型的营业推广活动一般用于短期的促销工作，其目的在于解决目前某一具体的问题，采用的手段往往带有强烈的刺激性，因而营业推广活动的短期效果明显。营业推广活动可以帮助企业渡过暂时的困境。

营业推广是一种辅助性质的、非正规性的促销方式，虽然能在短期内取得明显的效果，但它不能单独使用，常常需要与其他促销方式配合使用。营业推广这种促销方式的优点在于短期效果明显。一般来讲，只要能选择合理的营业推广方式，就会很快地收到明显增加销售的效果，而不像广告和公共关系那样需要一个较长的时期才能见效。因此，营业推广适合于在一定时期、一定任务的短期性促销活动中使用。但是营业推广也有贬低产品或品牌之意的缺点。采用营业推广方式促销，似乎迫使消费者产生“机会难得、时不再来”之感，进而能打破消费者需求动机的减弱和购买行为的惰性。不过，营业推广的一些做法也常使消费者认为企业有急于抛售的意图。若频繁使用或使用不当，往往会引起消费者对产品质量、价格的怀疑。因此，企业在开展营业推广活动时，要注意选择恰当的方式和时机。

（二）营业推广的作用

（1）吸引新客户和新用户购买，这是营业推广的首要目的。营业推广对消费者的刺激比较强烈，很有可能吸引一部分新顾客的注意，使他们因追求某些利益方面的优惠而转向购买和使用本企业的产品。

（2）可以实现企业营销目标，这是企业的最终目的。营业推广实际上是企业让利于购买者，它可以使广告宣传的效果得到有力的增强，破坏消费者对其他企业产品的品牌忠实度，从而达到本企业产品销售的目的。

（3）可以奖励品牌忠实者。因为营业推广的很多手段，例如，销售奖励、赠券等通常都附带价格上的让步，受惠者大多是企业的品牌忠诚者，这就有可能增加这部分顾客的“回头率”，稳定企业的市场份额。

二、营业推广方式选择的要求切割

选择营业推广方式总的要求是：综合考虑，以消费者、购买者的感受来取舍，而不是凭企业的好恶、习惯和费用节省为依据，在实际运用中根据市场的变动作出适时的调整。具体选择时，通常需考虑以下几个问题。

（一）明确商品的性质

不同性质的商品应选择不同的营业推广方式。对于包装性的消费品（如食品、营养保健品、日用品等），可采用加量不加价的方式吸引消费者；对于新上市的大众化消费品，当产品的差异性或特点凌驾于竞争品牌且值得披露时，采用免费样品试用效果最佳；而当一种产品已具知名度，深受消费者欢迎时，可利用优惠券鼓励目前使用者尝试该产品的新口味、新规格和新形式。

（二）明确营业推广的目标

这就是要明确推广的对象是谁，要达到的目的是什么。只有知道推广的对象是谁，才能有针对性地制订具体的推广方案。营业推广的目标不同，所采用的推广方式也不同。当营业推广是以刺激顾客购买欲望、促使顾客大量购买为目标时，折扣销售、有奖销售、分期付款销售、赠品销售等方式就具有较强的冲击力；若以在消费者心目中建立好感和信任为目标，则举办展销、咨询服务、赠品销售、发放优惠券等效果较好；若以解决销售难题，如商品积压、销售不畅等为目标，可采用降价销售、销售竞赛等。

（三）产品的类型

在市场上销售的产品，可以按其用途分为生产资料和消费品两大类。对于生产资料来讲，可以采用样品赠送、展示会、销售奖励、宣传手册等方式；对于消费品来讲，可以采用优惠券、赠送、店内广告、降价、陈列等方式。

（四）推广目标的心理特点

首先，推广对象的类型不同影响着营业推广方式的选择。如欲吸引尚未使用的消费者试用某产品，可选择优惠券、免费样品、试用、包装促销等方式；若使试用者再次购买该产品则可选择加量不加价、折扣销售、退费优待等；若使已使用者变为产品的爱好者和忠实用户，可选择加量不加价、退费优待、回邮赠送、优惠券等。其次，推广对象的心理特征不同也影响着营业推广方式的选择。如针对消费者的求实求利心理，可采用因量作价、赠品销售、加量不加价、优惠券、有奖销售等吸引购买；针对消费者的求知心理可采用讲座服务、咨询等引导消费需求，刺激购买；针对消费者的求安全心理可采用产品保证等解除消费者后顾之忧；针对消费者追求高品位的心理采取诸如购买西服赠送领带夹的赠品销售，对消费者实施产品高级化，提高消费者的消费档次。

（五）企业的竞争地位

对于在竞争中处于优势地位的企业，在选择营业推广工具时应该偏重于长期效果的工具，如消费者的教育、消费者组织化等。对于在竞争中处于劣势的企业，应选择能为消费者和中间商提供更多实惠的工具，比如交易折扣、样品派送、附赠销售等。此外还应考虑选择差异化的营业推广工具。

（六）营业推广的费用预算

每一种营业推广的发生都要耗费一定费用，这些费用是开展营业推广活动的硬约束。营业推广费用预算包括管理费用、销售费用（如印刷费、邮寄费等）、诱因费用（如赠品、降价费、兑奖费用等）。企业应该根据自己的经济情况考虑使用不同的营业推广工具。

第五篇

品牌价值切割与营销

第十五章　品牌价值的切割管理

无形的价值——品牌价值

一、品牌价值的概念

价值理论的多样化使得品牌价值被赋予不同的内涵。根据劳动价值理论，品牌价值是品牌顾客、渠道成员和母公司等方面采取的一系列联合行动，能使该品牌产品获得比未取得品牌名称时更大的销量和更多的利益，还能使该品牌在竞争中获得更强劲、更稳定、更特殊的优势。这一定义强调了品牌价值的构成因素和形成原因。而根据新古典主义价值理论，品牌价值是人们是否继续购买某一品牌的意愿。根据顾客忠诚度以及细分市场等指标测度，这一定义侧重于通过顾客的效用感受评价品牌价值。由此可以看出，品牌作为一种无形资产之所以有价值，不仅在于品牌形成与发展过程中蕴涵的沉淀成本，而且在于它是否能为相关主体带来增值，即是否能为其创造主体带来更高的溢价以及未来稳定的收益，是否能满足使用主体一系列情感和功能效用。

所以品牌价值是品牌拥有者和消费者相互联系作用形成的一个系统概念。它体现在品牌组织通过对品牌的专有和垄断获得的物质文化等综合价值以及消费者通过对品牌的购买和使用获得的功能和情感价值。

品牌价值是指品牌在某一个时点，一方面是用类似有形资产评估方法计算出金额，一般是市场价格；另一方面是品牌在需求者心目中的综合形象，不能用金钱衡量，但体现在品牌在消费者心中的知名度、美誉度和忠诚度。

二、品牌价值的影响因素

品牌价值不在品牌本身，而在品牌之外。品牌价值的形成不是短期的、纯技术的，而是长期的、艰巨的系统工程。品牌具有经济、信誉、产权、文化等多重价值，这些价值由多方面决定，主要影响因素有：品牌因素、市场因素、行业因素、管理因素、财务因素以及其他因素。

（一）品牌因素

品牌因素是指品牌自身特有的价值影响因素，它能反映品牌的现实状况、拓展能力和发展潜力等。品牌因素主要包括三个方面：

（1）品牌特征、影响力及市场地位，指品牌类型与等级、影响范围、市场领导力、行业地位和排名等；

（2）品牌的扩展能力和延伸能力，指品牌跨越地理、文化边界的能力，以及在一个区域内拓展新市场、新行业、新产品的能力等；

（3）品牌的稳定性及发展趋势，指品牌的经营历史、持续生存能力和发展前景等。

品牌因素的强弱是影响品牌资产价值的一个主要因素，评价品牌因素的强弱可以考虑如下的指标参数：品牌类型和等级、品牌经营历史、市场份额、市场覆盖率、新品牌拓展能力等。

（二）市场因素

市场因素是指市场对品牌资产价值的影响因素，它能反映品牌所处的市场环境和社会公众、消费者对品牌的认知度、忠诚度。市场因素主要包括三个方面：

（1）品牌所处的市场性质，指品牌所处的市场的结构特点、竞争状况、市场容量、需求状况、发展前景等；

（2）消费者的认知度、忠诚度，指社会公众、消费者对品牌的认知度、美誉度和忠诚度；

（3）产品或服务的市场竞争能力，指品牌涉及的产品或服务的市场业绩，包括市场份额、价格水平和销售增长水平等。

市场因素的强弱是影响品牌价值的一个重要因素，评价市场因素的强弱可以考虑如下参考资料和指标参数：市场分析资料、品牌认知度社会调查成果、市场份额、价格及加价率水平和销售增长率等。

（三）行业因素

行业因素即行业对品牌价值的影响因素，是品牌特有的影响因素，反映在不同产品、不同行业之间，品牌对顾客购买行为的影响程度和不同行业、产品的价值构成中其他要素的贡献。行业因素主要包括两个方面：

（1）行业类型及品牌的受众程度，指在不同产品、不同行业之间，品牌对顾客的购买行为的影响程度以及价值贡献水平；

（2）产品特点及其价值构成要素，指不同产品或服务创造的价值构成中所内含的其他资产要素的贡献程度。

行业因素的强弱对品牌资产价值往往具有较大的影响，评价市场因素的强弱可以考虑如下参考资料和指标参数：专家意见、行业分析资料、品牌认知度社会调查成果、产品的财务资料等。

（四）管理因素

管理因素即品牌管理对品牌资产价值的影响因素。主要包括三个方面：

（1）品牌管理，指品牌的定位、策划、管理、维持和创新的能力；

（2）品牌支持，指品牌的市场引入、传播和促进的能力；

（3）品牌保护，指对品牌权利的保护和维权的能力。

管理因素的强弱也是影响品牌资产价值的一个因素，评价管理因素的强弱可以考虑如下资料和指标参数：企业的品牌规划资料、市场营销策略和注册商标情况等。

（五）财务因素

财务因素即产品或服务的赢利能力，反映产品或服务的财务成果和利润水平。主要包括两个方面：

（1）品牌的成本费用水平，包括品牌的投入成本、管理成本和维权成本等指标；

（2）产品或服务的赢利水平，主要是销售利润率、边际贡献率等指标。

（六）其他因素

例如交易因素，在品牌许可使用权价值的评估中，往往需要考虑许可使用权利类型的不同对收益分成率的影响。

品牌价值的评估

一、品牌价值评估的含义

品牌是重要的无形资产，完整的品牌评估可以填补短缺财务评估和长期策略分析间的落差，取得一个平衡点。而品牌评估热潮之所以兴起，主要还是因为市场竞争激烈和企业面临的压力发生了变化。随着经济全球化的发展，企业生存的环境和市场发生了变化，企业面临新的威胁，随时会受到来自全世界其他市场或其他产品品牌的冲击。

规模化经济和营销效率需求促使很多企业参与全球竞争，于是全球性的品牌兼并、收购和合资热潮兴起，人们越来越重视品牌价值的评估。

切实实施品牌评估，会使企业资产负债结构更加健全，通过将品牌资产化，使得企业负债降低，贷款的比例大幅降低，显示企业资产担保较好，获得银行大笔贷款的可能性大大增加。

品牌价值评估是通过对品牌价值进行量化测定品牌的市场竞争力。

二、品牌价值评估的内容

对品牌进行价值评估主要包括下列内容。

（一）品牌寿命

品牌存在时间长对品牌形象力大有帮助，是同类产品中的第一个品牌更加重要。许多排名前100位的品牌在一定市场领域内已存在25~50年甚至更长，品牌资产如同其他资产一样，是随着时间推移建构起来的。

（二）品牌名称

品牌名称是赋予商品的文字符号，它以简洁的文字概括了商品的特性。评价一个品牌是否是好的名称，主要考虑：该品牌能否引起消费者的注意和兴趣；能否使消费者感到有魅力、有特征、有新鲜感；能否刺激消费者的好奇心；能否使消费者容易理解，如易读、易懂、易分辨；能否使消费者产生好感，等等。

（三）商标

商标是用来帮助人们识别商品的几何图形及文字组合。它以简洁的文字和线条组合反映公司和商品的特性，起到明示和凸显商品特点的作用。判断一个商标是否价值较高应考虑：能否引起消费者注意；能否适应社会消费潮流，反映商品的特性；是否有欣赏价值，使人看了能产生一种愉快、轻松的感觉；其设计的具体性和整体性能否明显体现出来；能否使人产生好感；能否满足商品持有者的各种心理需要；等等。

（四）品牌个性

品牌不仅具有识别产品的作用，许多强有力的品牌几乎成为产品类别的代名词，人们可以通过品牌名称识别其产品或服务。

（五）品牌产品类别

一些产品类别更容易引起消费者关注。它们可以为产品创造更高的知名度和推崇度。因此，品牌的产品或服务类别可以在很大程度上对品牌形象力起到帮助或妨碍作用。娱乐、食品、饮料和汽车等类别都有使品牌形象力排名靠前的趋势。

（六）品牌产品功能

消费者对产品功能了解得越多，在其产生需要时，越可能会指名购买。产品的使用功能、特点、外观都是影响品牌创立的重要因素。

（七）品牌产品质量

质量和可靠性是品牌建立大众信誉的基础。无论公司或产品代表什么，它首先必须“如它所期望的那样”。要考虑品牌产品的质量、产品的耐用度等因素。

（八）消费者的态度

消费者通过有关媒体对产品的介绍、通过亲属和朋友的推荐，以及自己使用该产品，对产品品牌形成一种态度。这种态度对产品市场表现影响很大。对消费者态度的评价主要注重：消费者对该品牌产品在技术水平、质量和价格比、功能和价格比等方面的认识；对该品牌所代表产品的情绪体验，包括在以往使用该产品过程中的情绪体验；该产品带给消费者心理上的满足；群体心理的适应，其售后服务对顾客要求的满足程度，等等。

（九）品牌认知

一般人购买商品时，总是先在自己叫得出名字、外观包装看着也舒服的品牌中选购自己所需要的产品，所以，好名字、设计美观的商标是一项无形资产。对于这项指标还有一些具体衡量标准，如品牌认知度在不同消费者中处于何种状态；竞争品牌的认知度如何。找出造成目前品牌认知度的主要原因。

（十）品牌的连续性

即便一个品牌已经有长达100年的历史，继承性或者说连续性对一个品牌保持时间发展上的相关性仍是必要的。关键是信息的连续性，而非执行的相同性。

（十一）消费者的购买倾向

经过各种影响过程，如果消费者形成对该品牌产品的依赖性，那么一旦感到需要，就会去购买该品牌产品，这时消费者对该品牌形成了比较稳定的购买倾向。

（十二）品牌媒体支持

媒体的支持保证品牌在市场上的可见性。像麦当劳，由于它在一些人流大的地理位置设立分店，增加了自身可见性。有一些品牌虽然广告花费很得少，但排名也很靠前。一般来说，品牌要保持在市场上的巨大影响，必须始终得到媒体的支持。

（十三）品牌产品的市场表现

这主要考虑该品牌产品近年的盈亏情况，该品牌产品市场特点及发展动向，与同行业最先进品牌的差距，该品牌产品竞争能力，等等。

（十四）品牌产品的服务

品牌服务包括品牌对消费者在品质上的承诺，并要向消费者介绍品牌产品在品质上有何发展创新。

（十五）品牌更新程度

品牌除了保持连续性外，还必须时常更新自己，使自己能符合新一代消费者的要求。

（十六）品牌忠诚度

消费者能够持续地购买使用同一品牌，即为品牌忠诚。其主要包括谁是品牌的忠诚消费者，品牌为忠诚消费者提供的差异性附加值是什么，品牌对忠诚消费者的承诺兑现如何，品牌如何与消费者沟通、建立感情，忠诚消费者的需求是什么，忠诚消费者对品牌推出的新产品是否偏好，品牌忠诚消费者更喜欢哪种公关促销活动，品牌的转换成本如何、怎样制造转换成本、是否因产品延伸而动摇了忠诚消费者、如何挽回这种损失、品牌是否有转换惰性，与品牌竞争的品牌的忠诚度如何，品牌忠诚消费者对品牌产品有何期望，品牌忠诚消费者的分布区域、品牌的现状、忠诚度的建设有多长时间等，都是关键。

（十七）品牌联想度

通过品牌联想到品牌形象，这一形象正是消费者所需要的，消费者便会通过购买满足需求。这个指标包括：品牌首先会使消费者产生何种联想、品牌的消费者利益是什么、品牌会使消费者联想到产品的什么价格层面、品牌会使消费者联想到何种使用方式、品牌消费者的生活方式如何、品牌属于何种产品品类、品牌与同类品牌的差异是什么、品牌为消费者提供了何种购物理由、品牌产品有何附加值、品牌附着了何种内涵、品牌内涵发掘度如何、消费者对此类品牌产品有什么期望、产品对消费者生活的影响程度，等等。

（十八）专利权价值

对于所有的品牌拥有者，专利权都非常重要。对品牌价值进行评估应包括如下内容：产权归属、名称，该专利作为解决某类问题的方法或可以生产的产品的社会作用，该专利评估的目的，如用于拍卖或转让，作价入股等，该专利适用的条件、该专利的特点或替代原有专利的特点、该专利评估假定的条件。

透视品牌的价值大小

一、成本法

成本法将品牌价值看成是获得或创建品牌所需的费用，即品牌在开发、设计、研制、购置过程中的全部费用，是准确计量品牌资产价值的尺度，也是品牌资产补偿的依据。从具体操作上，又分为两种处理方法：一是历史成本法；二是重置成本法。

（一）历史成本法

历史成本法是依据品牌创建开发的全部原始价值进行估价。具体做法是计算创建开发品牌的资产的全部投资，包括设计、创意、广告、促销、研发、分销、商标注册、专利申请、保护等一系列开支。该方法是进行品牌会计核算和管理的重要标准，用历史成本法计算的品牌成本，可以准确反映出企业各类资产的构成比重，反映出品牌资产形成的全过程，也是计算品牌摊销额和利润的依据。历史成本法适用于新购置、新开发的品牌。

历史成本法的不足是：确定哪些成本需要考虑进去比较困难，因为对于一个品牌的创建成功主要归因于公司各方面的配合，由于会计上已经把创建品牌的全部费用计入了产品成本或期间费用，再如何把这些费用区分出来是颇费周折的事情，而且没有考察投资的质量和成果，也没有考虑自创品牌的未来获利能力，无法反映自创品牌的现时价值。所以，运用这种方法测度品牌资产，会高估失败或较不成功的品牌，也会低估非常成功的品牌。因此，历史成本法在实际中应用得很少。

（二）重置成本法

重置成本法是按照品牌资产的现实重新开发创造成本，减去各项损耗或贬值来确定品牌资产的一种方法。其计算公式为：

品牌价值 = 品牌资产重置成本 × 成新率

按来源渠道，品牌有自创或外购之分，它们的重置成本的构成是不同的。企业自创品牌由于财会制度的制约，一般没有账面价值，则只能按照现时费用的标准估算其重置的价格总额。外购品牌的重置成本一般以可靠品牌的账面价值为论据，用物价指数计算，公式为：

品牌重置成本 = 品牌账面原值 ×（测度时物价指数/品牌购置时物价指数）

成新率是反映品牌资产的现行价值与全新状态重置价值的比率。一般采用专家鉴定法和剩余经济寿命预测法确定。其中剩余经济寿命预测法的计算公式为：

品牌成新率 = 剩余使用年限/（已使用年限 + 剩余使用年限）×100%

重置成本法看似在实际操作中比较便利，数据相对而言容易收集。但不足之处是：

（1）品牌资产原则上不受使用年限的限制，但有年限折旧因素的制约。品牌资产不同于技术类无形资产的年限折旧因素，即品牌资产主要是受经济性贬值（外部经济环境变化）和形象性贬值（品牌形象落伍）的影响，而技术类无形资产主要是受功能性贬值（工艺技术落后）的影响。

（2）由于品牌资产的重复性比较差，使得这一方法存在着内在的缺陷。

（3）方法没有考虑到市场未来变化因素，是一种静态的分析方法。

总之，从成本的角度测度品牌资产价值并不恰当，成本法考虑的只是过去为创建和获得品牌而付出的代价，它考虑得更多的是沉没成本，没有正确反映品牌资产价值所在。而品牌资产的价值却不仅仅体现在这点上，而更多地体现在品牌为企业带来未来收益的能力上。从这个角度分析，品牌价值更多地取决于品牌的市场表现和消费者评价上，而单纯使用成本法计算品牌价值无法反映品牌的这一特性。巨额投入并不代表品牌资产价值就高。

二、市场法

市场法是指利用市场上同样或类似品牌资产的近期交易价格，经过直接比较或类比分析来估测品牌价值的方法。这种方法是通过市场调查，选择一个或几个与被测度品牌类似的品牌作为参照物，分析参照物的近期交易价格和交易条件、交易时间、交易地点，将参照物与被测度对象进行对照比较，在此基础上再按照一定要求对参照物进行修正，最后根据修正后的价格来确定被测度品牌的资产价值。进行对比参考的数据有市场占有率、知名度、形象或偏好、交易时间、交易地点、结算方式及经济寿命等。市场法应用必须具备两个前提条件：一是要有一个活跃、公开、公平的品牌资产交易市场；二是必须有一个近期交易的可比参照物。

市场法可以分为：

（1）直接交易案例比较法，是指用历史上已经发生的该品牌交易的案例对现有情况进行修正后得出品牌价值的方法；

（2）类似交易案例修正法，是指对与被评估品牌类似的品牌的市场交易案例进行修正得出品牌评估价值的方法；

（3）品牌许可使用权费案例比较法，是指用品牌历史许可使用费案例调整后折现得出品牌价值的方法。

由于品牌商标专用权的排他性、品牌个性化，以及企业之间、产品之间的差异化等因素的限制，导致品牌之间的可比性差，品牌价值评估通常很少使用市场法。

三、收益法

收益法是指通过估算未来的预期收益（一般为“税后利润”指标），并采用适宜的折现率折算成现值，然后累加求和，得出被测度品牌价值的一种评估方法。这种方法确定的主要指标有：未来预期收益、贴现率和收益期限等。

根据具体采用的收益分析模型，收益法可以分为：

（1）现金流折现法，是指用品牌可以带来的未来预期现金流进行折现的方法；

（2）品牌经济利润折现法，是指用品牌所能带来的未来经济利润进行折现的方法，侧重于所产生的经济利润，有时候也可以是成本的节约；

（3）品牌许可使用费折现法，是指将品牌现有或潜在的可实现的许可使用费按许可使用期限折现的方法；

（4）品牌附加值（BVA）折现法，是指将品牌为企业带来的经济附加值（BVA）加总后得出品牌价值的评估方法。

在对品牌未来收益的测度中，有两个相互独立的过程，第一是分离出品牌的净收益；第二是预测品牌的未来收益。

贴现率可根据同行业品牌资产平均收益水平确定或利用资本成本定价模型（CAPM）确定。收益期限一般用经济寿命来表示，经济寿命的预测从经济性贬值、形象性贬值和功能性贬值等方面去分析，结合品牌资产企业的有关管理人员的意见判断，必要时可征询专家意见共同研究、分析、讨论确定品牌资产的经济寿命。这种方法必须具备两个条件：一是品牌资产的未来超额净收益必须能用货币表示；二是未来超额净收益的风险必须是可以计量的。

收益法计算的品牌资产价值由两部分组成，一是品牌过去的终值（过去某一时间段上发生收益价值的总和）；二是品牌未来的现值（将来某一时间段上产生收益价值的总和）。其计算公式为这相应两部分的和：

$$品牌价值 = \sum_{t=1}^{n} At\ (1+i)^{n-1} + \sum_{t=1}^{n} At\ (1+i)^{-t}$$

式中：A 为品牌的销售利润，i 为贴现率，t 为收益期限。

收益法着重考察的是品牌带来的未来收益，把品牌资产价值看成是未来所有权收益的现值。品牌收益除了考虑未来收益以外，还应考虑历史收益。品牌收益额的确定应将历史收益与未来收益结合起来考虑，这就使得对收益额的分析变得更加复杂。可是此法能够反映出品牌的获利能力，被认为是当前国际上较合理、客观、使用较多的一种测度方法。目前国际上影响力最大的品牌评估法——Interbrand 法就是在收益法的基础上发展而来的，是收益法的一种变形。

第十六章　品牌资产切割式管理

品牌的附加产物——品牌资产

品牌资产概念最初由广告从业者提出，由需要刺激、产品信息选择、动机、对产品的信心水平、选择标准和品牌理解等因素组成。之后，品牌资产的实践意义促使不同领域的学者相继投入品牌资产的研究中。

品牌资产的概念于20世纪90年代出现在我国，当时《经济日报》举行“中国驰名商标”评选活动，北京名牌资产评估事务所借鉴Financial World公司的方法，从1995年开始每年发布和提供《中国品牌价值研究报告》，在国内外引起强烈反响，品牌资产开始被中国企业和企业家重视。

国内外学者对品牌资产概念的界定各有不同，从总体上说，可归纳为两种类型：一种是基于企业从财务的角度定义，另一种是基于顾客从营销的角度定义。

一、基于财务角度对品牌资产的定义

这种定义主要是将品牌资产用货币的形式表现出来。现有的定义包括：将品牌资产定义为一个产品的品牌名称所赋予的增加价值；相对于没有品牌名称的产品，拥有品牌名称的产品带来的现金流增加量；品牌资产凭借其成功的计划和活动，为产品和服务的交易所带来的可度量的财务价值；国内一些学者认为品牌资产是以往在品牌方面的营销努力产生的赋予产品或服务的附加价值。

这些概念从财务会计的角度出发，提供总体品牌资产的绩效指标，考虑了市场表现，但没有强调顾客对于品牌的态度。

二、基于顾客从营销的角度对品牌资产的定义

Aaker 将品牌资产定义为一组能为产品或服务增加价值并与品牌名称或标志相连的五种品牌责任。Keller 将基于顾客的品牌资产定义为品牌知识在消费者对品牌营销反应中的作用。还有学者认为品牌资产是品牌作为产品定位可靠信号的价值。美国营销科学学会将品牌资产定义为购买品牌的顾客、渠道成员及母公司产生的一组联想和行为，它使品牌能够获取比没有品牌时更大规模或更大边际的利润，以及优于竞争者的一种强有力、持续及差异化的优势。美国品牌资产委员会将品牌资产定义为具有资产的品牌提供给消费者“一种自我拥有的、可以信赖的、相关的、独特的”承诺。我国学者对品牌资产的观点包括认为品牌资产是附于品牌之上，能够在未来为企业带来额外收益的顾客关系；品牌资产是“消费者对企业营销活动在认知、情感、行为意向、行为方面的差别化反应”；品牌资产能够给顾客和企业带来不同于产品的特别价值或利益；从人类认知的角度对品牌资产进行定义，认为品牌资产是在品牌名字的基础上经过营销活动和消费者产品购买、使用经验的共同作用形成的。

综合以上研究，两种学派在定义和概念化品牌资产时利用了不同的角度和方法。每个角度的提倡者均根据他们的定义和概念发展了测量工具。因此，一个全面的品牌资产的定义和概念必须满足两个主要目标：

（1）统一未来对品牌资产测量的研究；

（2）引导实践者利用有意义的、全面的和可信的品牌资产评估标准，以便在不同品牌之间进行精确的比较。

透视品牌资产

一、品牌资产的特征

品牌资产是一种特殊资产，常常以无形资产形式表现出来。作为品牌拥有者资产的一部分，品牌资产呈现如下特征。

（一）品牌资产是无形资产

品牌资产作为品牌拥有者的重要无形资产越来越受到管理人员的重视，并把它反映到财务管理之中，以无形资产的形式出现在会计账上。在兼并、并购、重组、合资、核算等资产活动中，成为备受关注的重要无形资产内容。但由于无形资产具有直观把握的难度，所以有些品牌组织对此不够重视。

（二）品牌资产具有增值价值

品牌资产作为一种无形资产，其投资与利用常常交织在一起，难以截然分开。如果品牌资产管理得当，品牌资产会在利用当中增值。

（三）品牌资产计量复杂

品牌资产评估需要用一系列指标进行综合评价，是一项复杂的工程。因为品牌资产是无形资产，所以难以准确地计量。品牌资产往往凝聚着高智力的成果，由复杂的脑力劳动构成，具有计量不确定性。品牌资产的构成要素相互影响、相互融合、彼此交错，可以共享、可以转移，可以为多个主体控制，计量难度大。还有很重要的一点，品牌的潜在获利能力具有很大的伸缩性和不确定性，增加了品牌资产准确计量的难度。

（四）品牌资产具有波动性

品牌从无到有，从消费者陌生到熟悉，是品牌运行者长期努力的结果。尽管品牌资产是以往投入的沉淀和结晶，但不是只增不减。品牌决策的失误、竞争中的成功都可能使品牌资产发生变化。在品牌发展过程中，还存在品牌老化问题，如果品牌的管理者不作出正确的经营决策，品牌资产就会下降。所以品牌资产常常具有波动性，有的时候上升，有的时候下降，甚至出现负资产。

（五）品牌资产是营销业绩的主要衡量指标

品牌资产的实质是销售者交付给消费者的产品特征、利益和服务。为了维系品牌和消费者之间的长期交换关系，需要积极开展各种营销活动，履行各种承诺。品牌资产是品牌组织不断进行营销投入和营销活动的结果，每一种投入都会对品牌资产存量的增值带来影响。所以必须有机、协调、配合地进行品牌资产的积累，才能保持品牌在消费者心中的地位。品牌资产反映了品牌组织总体营销水平，是衡量营销业绩的主要衡量指标。

二、品牌资产的构成要素

在各种品牌资产构成要素分析中，由大卫·艾克提出品牌资产的五星模型获得广泛认可。五星模型是指品牌资产由“品牌知名度、品质认知度、品牌联想度、品牌忠诚度和品牌其他资产”等五部分所组成。

（一）品牌知名度

品牌知名度是消费者对一个品牌的记忆程度，具体可分为无知名度、提示知名度、第一未提示知名度和第一提示知名度四个阶段。

一个新产品在上市之初，在消费者心中处于没有知名度的状态；如果经过一段时间的广告等传播沟通，品牌在部分消费者心中有了模糊的印象，在提示之下能记忆起该品牌，即进入了提示知名阶段；下一个阶段，在无提示的情况下，能主动记起该品牌；当品牌成长为强势品牌，在市场上处于“领头羊”位置时，消费者会第一个脱口而出或购买时第一个提及该品牌，这时已达到品牌知名度的最佳状态。

（二）品质认知度

品质认知度是指消费者对某一品牌在品质上的整体印象，其内涵包括：功能、特点、可信赖度、耐用度、服务度、效用评价、商品品质的外观。消费者对品质的认知度完全来自产品使用或服务享受之后，产品的品质并不完全是指产品或服务本身，它同时包含了生产品质和营销品质。品质认知度是品牌差异定位、高价位和品牌延伸的基础。

消费者对品牌品质的肯定，会给品牌带来相当高的市场占有率和良好的发展机会。对于大多数产品来讲，消费者是很难通过肉眼来判断产品的品质的。虽然产品本来可能并不是那样的品质，但是在消费者的眼里会认为当产品具有某些特定的特征时，就会觉得该产品的品质与其他产品有区别。

（三）品牌联想度

品牌联想度是指透过品牌而产生的所有联想，是对产品特征、消费者利益、使用场合、产地、人物、个性等的人格化描述。这些联想往往能组合出一些意义，形成品牌形象。它是经过独特销售主张（USP）传播和品牌定位沟通的结果。对企业而言，掌握消费者脑海中的联想，提供一个具体而有说服力的购买理由，这个理由是任何一个品牌得以存活延续所具备的，也是品牌延伸的依据。

（四）品牌忠诚度

品牌忠诚度是消费者在购买决策中多次表现出来的对某个品牌有偏向性的（而非随意的）行为反应，也是消费者对某种品牌的心理决策和评估过程。它由五级构成：无品牌忠诚者、习惯购买者、满意购买者、情感购买者和承诺购买者。

品牌忠诚度是品牌资产的核心，如果没有品牌消费者的忠诚，品牌不过是一个几乎没有价值的商标或用于区别的符号。从品牌营销观点看，销售并不是最终目标，它只是消费者建立持久有益的品牌关系的开始，也是建立品牌忠诚，把品牌购买者转化为品牌忠诚者的机会。

（五）品牌其他资产

品牌其他资产是指品牌有何商标、专利等知识产权，如何保护这些知识产权，如何防止假冒产品，品牌制造者拥有哪些能带来经济利益的资源，比如，客户资源、管理制度、企业文化、企业形象等。

在品牌资产的五项内涵中，品牌忠诚度是品牌资产的集中体现，而品质认知度、品牌知名度、品牌联想度、品牌其他资产则有助于品牌忠诚度的建立；同时品牌知名度、品质认知度、品牌联想度是代表顾客对于品牌的知觉和反应，而品牌忠诚度则是以顾客为基础的忠诚度。

品牌资产管理的切割

品牌资产管理是品牌星角构架的协调和谐与综合运用，形成营销管理的巨大生命力与影响力，推动营销管理的内容不断更新，促进品牌不断发展壮大。品牌资产管理包括准确定义、规范管理，并采用完善周详、切实可靠的方法尽可能对品牌进行衡量评估，不遗余力地开发品牌以最大限度地挖掘价值和利润。

一、品牌审计

品牌审计是以消费者为关注点的检验，包括通过一系列程序确定品牌的健康、发现品牌资产的来源，并且提出建议改进并调控品牌资产。

品牌审计有助于为品牌制定战略性决策，同时对品牌的战略方向及其最终结果产生重大影响。高档商品经销商丹希尔（Alfred Dunhill）在进行品牌审计后，将其传统的英国风格——在亚洲地区非常有身价——重新提炼，使之更加符合不断变化的国际品位。在欧洲，品牌审计的结果使得宝丽来决定改变其在摄影行业的原有形象，转而更加侧重于摄影的情趣。宝丽来在调查中发现，照相机可以作为社会生活的一种兴奋剂和刺激物，增添人们生活中的情趣。这一主题随后在其广告设计和新的分销策略制定过程中得到贯彻。

品牌审计主要包括两大步骤：

（一）品牌盘存

品牌盘存是对所有相关品牌要素及辅助营销计划进行分析，并为每一种现实产品或服务编制清单。彻底的品牌盘存可以反映品牌一致性程度。

（二）品牌测定

品牌测定是收集消费者方面的详细信息，通过品牌研究方法了解消费者对品牌的看法，尤其了解品牌认知度和品牌力度、赞誉度以及品牌联想的独特性。

二、品牌跟踪

品牌跟踪是对指定品牌的品牌接触点在时间和空间上的跟踪。在时间上的品牌跟踪需全面监测和分析品牌接触点数值按时间序列变化情况和趋势，从而探知品牌生态位的变化情况，为品牌建设提供数据支持。

品牌跟踪是一个长期“品牌体检”项目。跟踪是面向某个品牌母体，是以个体为单位进行的。品牌跟踪研究主要包括五个方面的内容：

（一）品牌表现

品牌知名度、使用率（消费者过去7天、过去1个月或者过去3个月内使用的品牌以及不同品牌使用的量，具体的时间段视产品的类型而定，比如对于快速消费品相对设定的时间会短一些，而对于耐用消费品相对设定的时间会长一些）和购买意向是用来进行品牌检验的关键指标（KPI）。除此之外，在这一部分还会结合品牌区隔和品牌转换两个方面作为品牌表现的另一层面的检验指标。

（二）品牌形象

对于品牌形象的跟踪研究，可以帮助厂家评估广告宣传在树立品牌形象方面的有效性；同时也可以让厂家了解广告的诉求是否可以被消费者很好地理解，是否有助于建立品牌形象。通常来说，对于品牌形象的评价会从功能性和情感性两个角度考虑（现在也有一些研究体系，在针对用于交流的产品研究时会加入场景性的考虑角度，即产品会在什么场合、什么场景下使用），会通过定性研究收集消费者在评价一个品牌时的具体感受（产生一系列关于产品和品牌的功能句子，涵盖但不限于顾客对于产品和品牌定位的需求、消费者需求、竞争品牌的特点等），并在定量研究中通过对应分析、交叉分析等方法获取消费者对于产品品牌形象的评价。

（三）品牌价值

品牌价值是唯一可以量化的评估品牌能够被消费者感知的情感利益和功能利益的指标。对于品牌价值的测量，国内外由于考虑角度的差异存在多种测量体系。这些体系各有千秋。从品牌表现和消费者对于品牌的态度（忠诚度）两个角度衡量品牌的价值，品牌在各指标上的表现可以通过询问和打分的形式获取。

除此以外，也还可以从品牌的质量、相关性、流行性、独特性以及熟悉度五个角度进行品牌价值衡量，具体研究方法同上。

（四）广告宣传的有效性

品牌跟踪研究还包括对广告宣传有效性的研究（为了进行更准确、更细致的研究，这一部分的研究可以使用厂家广告费用的跟踪数据）。通过广告宣传有效性评估，首先可以帮助厂家衡量广告的投入和产出，确定投入的有效性；其次能评估广告在提升品牌认知度方面的有效性；除此之外，还可以帮助从内容回忆度、记忆率以及信息传达率等多个角度对广告进行丰富的诊断性研究。

广告效果评估还包括一个重要的方面，就是广告方案的评估，也就是消费者在自然状态下对于广告中产品名称、广告诉求语、产品属性、品牌属性以及广告情节等方面的记忆率和记忆程度。

（五）消费者需求

消费者需求研究主要包括需求研究、消费趋势研究（产品品类延伸的趋势）、产品可替代性研究等。这一部分内容研究可使厂家对消费群体进行细分，并在此基础上，把握细分群体的重要未满足需求，为品类规划和品牌定位提供依据。

具体分析时可以首先使用定性研究（建议采用一对一深度访谈形式）方式，循消费者产品购买及消费行为链中的环节逐一进行需求的深度挖掘（与常规消费行为与习惯定性研究不同），并以需求树的形式对消费者需求进行分类和分级。

然后通过定量研究逐一确定消费者对各需求点的重要性及满意度评价，并通过因子聚类等高级分析模型进行消费者重要未满足需求的分析，在此基础上对目标市场进行细分，为厂家的品类规划和品牌建设提供数据支撑。

三、建立品牌资产图

品牌资产图是将公司对品牌资产的理解以书面形式规定成文件，以便为公司内部营销经理以及公司外的营销伙伴提供相关的工作指导。

品牌资产图的内容包括：

（1）品牌资产的概念及作用；

（2）以公司的历史记录和品牌存盘为依据描述关键品牌的范围；

（3）从公司水平和单个产品水平确定所有相关层次品牌的实际资产和

理想资产，对相关联想作出定义；

（4）说明如何利用品牌跟踪及由此得出的品牌资产报告对品牌资产进行评估；

（5）根据公司的营销计划对品牌资产管理提出建议；

（6）描述如何依据具体战术原则修正营销计划，从商标使用、包装以及沟通的角度确定处理品牌的方法。

虽然品牌资产图的布局不必每年调整，但其内容要每年更新，以便更好地描述品牌的现状，帮助决策者分辨品牌面临的机会和存在的风险。当新产品问世、品牌计划修改及其他营销活动发生时，需要把这一切在品牌资产图中充分地反映出来。

四、撰写品牌资产报告

品牌资产报告是将品牌跟踪及其他相关品牌业绩评估的结果汇成一份完整的文件，定期送交管理层。品牌资产报告应该提交的信息有：品牌现状、诊断性信息及说明、有关品牌业绩、品牌资产来源、品牌评估结果等。报告中应专有一部分对品牌跟踪得出的有关关键特质或价值联想的消费者感知、消费者偏好及行为进行总结。另外报告中还应提供描述市场水平的信息。

第十七章　品牌传播切割与营销

做大品牌的途径——品牌传播

一、传播的概念及特点

（一）传播的概念

1. 汉语中的“传播”

“传播”在汉语中是一个联合结构词，其中“播”多半是指“传播”，而“传”具有“递、送、交、运、给、表达”等多种动态的意义。这就指明了“传播”是一种动态行为。所以在汉语中常作为动词使用。如传播信息、传播谣言、传播疾病、传播花粉……

2. 英语中的“传播”

“传播”一词是从英语 Communication 翻译过来的，在英语中这是个名词，原意包含“通信、通知、信息、书信；传达、传授、传播、传染；交通、联络；共同、共享”等意思。

3. 传播学中关于“传播”的定义

传播指社会信息的传递或社会信息系统的运行。信息（Information）是传播的内容。传播的根本目的是传递信息，是人与人之间、人与社会之间通过有意义的符号进行信息传递、信息接收或信息反馈活动的总称。

关于传播的定义有很多种，有人统计有 126 种之多，它们有着各自的侧重点：强调传播是信息的共享，强调传播是有意图地施加影响，强调传播是信息交流的互动过程，强调传播是社会信息系统的运行，强调传播是社会关系的体现。但无论从哪个角度对传播下定义，其基本意思都是“与他人建立共同的意识”。传播是带有社会性、共同性的人类信息交流的行为和活动。

（二）传播的基本特点

1. 传播是一种信息共享活动

它是一个将单个人或少数人所独有的信息化为两个人或更多人所共有的过程。

2. 传播是在一定的社会关系中进行的，又是一定社会关系的体现

传播产生于一定的社会关系，传授双方表述的内容和采用的姿态、措辞等，无不反映各自的社会角色和地位。

3. 传播是一种双向的社会互动行为

从传播的社会关系性而言，它又是一种双向的社会互动行为。信息的传递总是在传播者和传播对象之间进行。

4. 传播成立的重要前提之一是传授双方必须要有共通的意义空间

传授双方必须对符号意义拥有共通的理解，传播过程才能成立。

5. 传播是一种行为，是一种过程，也是一种系统

行为是以人为主题的活动；过程着眼于传播的动态和运动机制；系统是将传播视为一个复杂的过程集合体。

二、传播过程的构成要素

传播过程的构成要素包括传播者、受传者、信息、媒介和反馈。

（一）传播者

传播者又称“信源”，是指传播行为的引发者，即以发出信息的方式主动作用于他人的人。在社会传播中，传播者既可以是个人，也可以是群体或组织。

（二）受传者

受传者又称信宿、接收者、受众。信息的接收者和反应者，传播者的作用对象。作用对象并不意味着受传者是一种完全被动的存在，相反，他可以通过反馈活动影响传播者。受传者同样可以是个人、群体或组织。

传播者和受传者并不是固定不变的角色，在一般的传播过程中，这两者能够发生角色转化和交替。

（三）讯息

讯息由一组相互关联的意义符号组成，能够表达完整意义的信息。讯息是传播者和受传者之间社会互动的介质，通过讯息，两者之间发生意义的交换，达到互动的目的。

讯息（Message）在中文中译成“消息”、“文告”等，这是一个与信息意思相近又有微妙区别的概念。一般来说，信息的外延更广，它包括讯息在内。讯息也是一种信息，它的特点是能够表达完整的意义。在传播过程研究中，学者们常用“讯息”的概念，是为了强调传播的互动是意义完整的互动。

（四）媒介

媒介又称传播渠道、信道、手段或工具。媒介是讯息的搬运者，也是将传播过程中的各种因素相互连接起来的纽带。现实生活中的媒介是多种多样的，邮政系统、大众传播系统、互联网系统等都是现代人常用的媒介。

（五）反馈

反馈是指受传者对接收到的信息的反应或回应，也是受传者对传播者的反作用。获得反馈讯息是传播者的意图和目的，发出反馈讯息是受传者能动性的体现。反馈是体现社会传播的双向性和互动性的重要机制，其速度和质量依媒介渠道的性质不同，是传播过程不可缺少的要素。

在传播学研究中，更多通过传播效果研究体现反馈的环节，即传播者的说服动机在受传者身上引起的心理、态度和行为的变化。

品牌受众群体的切割式分析

受众是指信息的接收者，是决定传播活动成败的关键因素。

品牌传播的受众不仅包括品牌产品的消费者，也包括员工、零售商、供应商、竞争者、公众和其他利益相关者。

一、品牌传播的受众心理特征

美国学者约瑟夫·克拉珀提出受众有三种选择性心理特点，即选择性注意、选择性理解和选择性记忆。

在品牌传播的过程中，受众不一定按照传播者所预期的那样进行“解码”，是因为受众的选择性心理特征。

（一）选择性注意

受众往往只注意那些与自己观点相符合或相一致的内容，对不符合的消息加以回避或拒绝。选择性注意表明只有当受众乐意接触品牌时，品牌传播才能真正建立起来，而受众是否乐意接触品牌，则完全是由受众自主决定的。

（二）选择性理解

选择性理解一层意思是指受众在所有接收到的信息中只对其中一部分进行深层次的认识、思考和处理，对其他信息则只停留在注意的层次上，不再花费更多的精力去思考；另一层意思是指具有不同认识结构的受众会对同一信息赋予不同的意义。当受众真正理解并接受品牌，把所感知的品牌传播内容转化为自己的认识时，受众与品牌、传播者的互动才会进入一个比较高的层次。

（三）选择性记忆

选择性记忆即受众只记住了那些与自己观点一致的内容。选择性心理这一理论有助于对受众在品牌传播过程中的行为规律进行考察。这是一个复杂的心理过程。受众的此种心理过程不仅取决于品牌本身，也取决于品牌传播的力度、质量，但更取决于受众的需求、态度、价值观、智力和其他个人因素等。受众在这种层次的互动中，不只是被动地接受品牌传播内容，而是以自己的认识、情感主动地参与品牌传播，赋予品牌传播内容以各种意义。

二、品牌传播的受众导向原则

（一）个体特征导向原则

受众的个体特征是区分单个受众与其他受众的主要因素，一般包括性别、年龄、个性、智力、经历、兴趣、爱好和预存立场等。“研究表明，个人在需求、态度、价值观、智力和其他个人因素等方面的差异对个人行为的形成起着关键作用。”根据个人差异论，由于每个人所处社会环境和经历不同，造成了个人的种种差异，这些差异决定了他们对信息有不同的选择和理解，进而有不同的态度和行为。因此受众不是一个笼统的概念，而是由诸多的具有差异性、独立个性的个体组成，具体到品牌传播来说，企业传播的品牌信息对于这些差异个体来说其效果并不一样，受众会因为心理、性格的差异而对品牌信息做出不同的选择和理解，随之而来的态度和行为的改变也会因受众而异。

（二）社会特征导向原则

把握受众的社会特征有利于品牌传播顺利进行，决定受众社会特征的主要因素大体可分为文化传播、社会环境和群体影响。有些受众在性别、年龄、文化程度、收入、职业等方面有共同特征，因而构成了种种社会群体。同一社会群体的成员有共同经历，持相似的社会观、价值观和各种具体见解。因此，他们对传播内容的注意与反应形式以及对传播工具的选择大体一致。传播者应依据不同社会类别、针对特定的受众群体特点制作和传播信息，以期达到更好的传播效果。

（三）文化特征导向原则

传播不一定直接使受众发生变化，但它可以作用于受众所处的社会文化环境，通过变化了的社会文化背景再作用于受众，使之观念发生变化。但是，处于特定文化环境中的受众，他们有自己的话语、价值观和意识形态，这会对传播中信息的接收与理解产生影响。因此，品牌传播应该考虑由于文化差异会造成预期受众的不同的消费行为，尤其是国际品牌在进入一个国家和地区进行传播时，其广告策略、表现方式、品牌个性策略等要迎合当地的文化传统特性和审美品位，使品牌与当地的社会文化环境有机地融合起来。

三、受众与传播者的互动

（一）认知互动

认知是人们通过感觉、知觉、联想、记忆和思维等心理活动对品牌信息的综合反映的过程。

受众首先通过内部感觉和外部感觉认识某种品牌的产品，比如用眼睛观察产品的外表、形状、颜色，用鼻子闻气味，用手触摸产品的质地等，可以获得对品牌的感性认知。受众把感觉到的各种信息加以整理形成对品牌的完整印象，进一步加深对品牌的认识，形成知觉，进而建立起对品牌的整体认知。

受众与传播者的认知互动体现在诉诸感觉、引起注意，赋予特色、激发兴趣，创造印象、诱导欲望，加强记忆、确立信念。

传播者要结合受众对品牌的认知不断吸引和维持受众的注意，增强品牌信息对受众的刺激，增加刺激物之间的对比，提高品牌信息的感染力，引发品牌联想，加深受众对品牌的记忆，形成对品牌信息的思维反应，建立对品牌的评价观念。

（二）态度互动

态度是人们对某个对象所持有的评价和行为倾向。品牌传播就是要在受众心中形成对品牌的正面的积极的态度，从而在竞争中取胜。

当品牌信息在传播时与受众固有的对品牌的认知趋于一致时，受众会形成积极的态度并引发购买行为，相反，则可能产生抵触。所以品牌的传播者要对受众的具体情况进行分析，避免引起受众的反感和抵触情绪。

（三）情感互动

情感是人们对与客观事物能否满足自己的需要而产生的态度体验，这种体验表现为喜怒哀乐等形式，形成情感。

在品牌信息流动过程中，品牌获得受众关注并且对品牌形成认知态度直到行为，传播者利用情感因素以情感人，用亲情、爱情、激情等受众乐于接受的形式与受众进行互动。

（四）行为互动

品牌信息通过各种传播媒介到达受众，最终的目的是让受众采取行动购买产品或接受品牌的某种理念和主张。受众在对品牌认可的过程中会不断经历从认知、态度到情感行为的互动过程，逐步建立起对品牌的忠诚。当品牌信息更新或推出新的产品时，受众会采取新的行为与传播者互动。

品牌传播模式的切割式认识

一、广告传播

（一）广告概述

广告大师大卫·奥格威说：“企业不善于做广告，无异于在黑暗中抛媚眼。”对品牌而言，广告是最重要的传播手段之一，广告的载体通常包括电视、报纸、杂志、交互媒体等。根据资料显示，在美国排名前20位的品牌，平均每个品牌每年广告费用为3亿美元。人们认识一个品牌，绝大多数是通过广告得到的，广告塑造着品牌形象，也引领着社会生活的时尚和潮流。

（二）广告在品牌传播中的作用

广告，一方面能用于建立品牌的长期形象，另一方面能促进产品快速销售。广告是品牌传播最主要的传播工具，能够有效地传播品牌。对品牌传播来说，广告有着不可或缺的作用。

1. 扩大品牌知名度

在较短的时间内迅速扩大品牌的知名度，是广告的基本功能。人们在知晓一个新品牌的时候，往往是通过广告获知信息。

2. 建立品牌联想

广告的创意、基调和表现形式奠定了品牌的基调，有力地推动着品牌在消费者脑海中，从简单、抽象的品牌名称及标志扩展为丰富的品牌联想，并塑造出品牌性格。

3. 有效提醒

如果潜在顾客已经了解了这个产品，但还未准备去购买，广告能不断地提醒他们，促使其将品牌纳入购买的选择范围内。

（三）不同媒介广告的优缺点

由于媒介本身的特点，广告登载在不同媒介上，具有不同的效果。具体的优缺点见表17－1。

表 17－1　　常见媒介的优缺点

媒　介	优　点	缺　点
电视	覆盖面积大	选择性低
	接触率高	信息生命短
	易引起注意	成本高
		干扰大
广播	地方性覆盖	只是听觉效果
	成本低、接触频率高	干扰大
	生产成本低	不易引起注意
	受众充分细分	信息易逝
杂志	易于细分目标受众	前置时间太长
	易反复阅读	只有视觉效果
	信息容量大	缺乏弹性
	有多种读者	
报纸	覆盖面广	信息生命短
	成本低	不易引起注意
	能置于读者感兴趣的地方	

（四）品牌载体在广告传播中的运用

（1）以产品为载体进行传播

产品是承载着品牌信息的天然载体，广告中包含产品的信息，消费者通过广告了解产品信息，从而达到品牌传播的目的。

（2）以代言人为载体进行传播

消费者认知某一品牌，很多时候是通过广告认识品牌的代言人开始的。代言人代表了品牌的形象，通过选择与品牌内涵和形象相一致的代言人作为载体进行传播，能加快品牌传播，树立良好的品牌形象。

（3）以企业创始人或领导者为载体进行传播

创始人是企业的缔造者，领导者是企业的重要建设者，他们具有非常重要的作用和影响力，通过广告这一传播工具宣传创始人或领导者能传达企业品牌的信息，从而树立良好的企业形象，使消费者产生好的品牌联想。

二、公共关系传播

（一）公共关系概述

公共关系（Public Relations），也称公关，是指组织机构与公众环境之间的沟通与传播关系。它包括新闻发布会、媒体采访、介绍性文章、新闻照片、电影、磁带等所有非人际的沟通方式以及年度报告、筹资、加入某团体、游说、特殊事件管理及公共事务等。它在为品牌“扬名立万”的同时，还通过各种活动与消费者或潜在消费者沟通情感，希望获得消费者心理上的认可，消除心理距离，增加重复购买率。

（二）公共关系在品牌传播中的作用

科特勒将公共关系称为营销组合4P之外的第5个P，在整合营销传播理论中，公共关系的作用和地位得到了充分肯定。那么公共关系在品牌传播中到底起什么作用呢？

1. 吸引公众关注，加强品牌认知

对于新品牌来说，消费者认知度较低，而良好的企业形象能为新品牌的问世作预先保证。沃尔玛、星巴克、英特尔等品牌在创立之初，均依靠公共关系引起受众的注意，从而树立起品牌。当一个品牌的新产品种类能吸引媒体注意力时，公共关系更是威力强大。

2. 巩固或更新品牌形象，强化传播的影响力

广告长于知名度，而公共关系长于美誉度。在品牌维护阶段，当品牌通过广告建立起广泛的知名度后，利用公共关系使品牌保持良好的形象就显得至关重要。公共关系可以通过为企业开展新闻发布会以及举办各种符合价值观的活动，向公众提供企业的诸多信息，包括其产品特点、企业在行业中的地位、企业的社会责任、相关机构对其评价等，从而为企业和产品确立品牌的整体形象。

3. 协调关系，优化品牌营销环境

公共关系通过建立和保持同消费者、投资者、政府、媒体及公众之间的良好关系，形成一个和谐的外部环境，从而为组织的运行和营销提供支持。一方面，帮助决策者了解公众态度；另一方面，通过媒体公共关系、资源整合、事件链接、公益赞助等有效方式，积极促进品牌与市场的良性互动，不仅为企业提供反馈信息以预测公众舆论，同时还能影响和引导舆论。

4. 化解危机，保护品牌形象

企业在运行过程中，不可避免地会遇到突发事件，比如可口可乐在欧洲的污染事件，百事可乐内发现注射器针头所引发的恐慌事件，以及伊利高管被拘留事件等。这些事件处置不当会损害品牌在公众心目中的形象，带来巨大的经济损失，而通过公共关系介入，策略性地与消费者、媒体、员工等进行沟通，可以巧妙地处理危机事件，趋利避害，最大限度地挽回损失。

（三）品牌公共关系传播的优缺点分析

品牌公共关系传播有其有利的一方面，也有其不利的一方面，具体的优缺点见表 17－2。

表 17－2　品牌公共关系传播的优缺点

优　点	缺　点
传播成本相对较低	传播效果难以量化
潜移默化地影响受众	信息需要经过过滤
提升品牌信息的可靠度	

（四）载体在公共关系传播中的运用

1. 以品牌故事为载体进行传播

企业在进行公共关系传播时，通过媒体等形式把品牌故事传播出去，能够使品牌深入消费者的心中，从而不知不觉地实现企业传播品牌内涵、文化、价值，成功俘虏消费者内心的营销目的。

2. 以品牌事件作为载体进行传播

这种“事件”可以是社会热点、新闻事件，也可以是企业自行或联合第三方所组织的重大活动。精心策划、组织的事件营销可以有效提高企业或品牌的知名度、美誉度，树立良好品牌形象，并促进销售提升。

三、口碑传播

（一）口碑传播概述

菲利普·科特勒关于口碑传播的定义是：口碑是由生产者以外的个人通过明示或暗示的方法，不经过第三方处理、加工，传递关于某一特定或某一种类的产品、品牌、厂商、销售者，以及能够使人联想到上述对象的任何组织或个人信息，从而导致受众获取信息、改变态度，甚至影响购买行为的一种双向互动的传播行为。在品牌营销领域，口碑的传播者和传播的信息有其特定的内容，正如《口碑营销》的作者罗森所言：“口碑是关于品牌的所有评述，是关于某个特定产品、服务和公司所有的人们口头交流的总和。”它是一种在企业自身、竞争对手、媒体、渠道成员、意见领袖和消费者等各个媒体内部及群体之间形成的关于品牌信息的非正式的人际传播。

一般来说，品牌口碑的形成方式有两种：一是纯粹依靠人们的自然传播；二是企业通过公共关系活动传播与推广。如果依靠自然传播的话，一方面需要加强品牌自身对消费者的影响力，另一方面需要积极地介入传播过程，制造有益于品牌的口碑；如果依靠公共关系活动传播，则主要是借助新闻传播口碑以及大型公众活动。

（二）在品牌传播中的作用

现在的媒体资源往往太过昂贵，而且由于信息渠道的多元化和可选择的空间增大，无论是电视、报纸、广播还是杂志，对消费者的影响力都大大降低，品牌信息传递收效不足。相对于传统媒体渠道，口碑是一种既节省成本又富有生命力的工具，往往能够对品牌传播产生意想不到的效果。

1. 消费者尝试，影响其品牌购买决策

口碑作为第三方信息资源，具有较强的说服力。当消费者面对多种选择犹豫不决时，口碑通常能够加速消费者的消费决策，起到一锤定音的效果。

2. 品牌体验，加深好感度和美誉度

消费经验的获得通常有两种方式：直接或间接。直接经验是指通过直接消费产品或服务的体验；间接经验是消费者所获得的经验来自于他人使用体验，它的获取可以节约消费者的时间、精力、资金等各方面的成本。消费者如果没有亲自使用过某品牌，那么其对品牌的印象是模糊的，但是通过他人口碑，消费者将加深对品牌的认识，建立起品牌好感。

3. 正面消息强化品牌忠诚，或通过负面的消息诱使品牌转换

有效的信息传播能够改变消费者头脑中已经形成的认知与情感，由此影响人们的购买行为。通过口碑所传递的正面品牌信息，将强化消费者已有的正面态度，或是弱化其负面态度，说服其重复购买，形成品牌忠诚；而一旦消费者接收到负面的品牌信息，则很可能会破坏原有的良好的品牌体验，导致品牌转换。

（三）口碑传播的优缺点分析

口碑传播有其有利的一方面，也有其不利的一方面，具体的优缺点见表 17－3。

表 17－3　　口碑传播的优缺点

优　点	缺　点
传播源可信度高	传播范围有限
消息传递具有针对性和互动性	容易受到传播者个人主观因素的影响
易于流行	传播过程难以准确掌控
传播成本低	

（四）在品牌传播中的应用

1. 以消费者为载体进行传播

消费者是产品或服务的使用者或体验者，而品牌相关信息及体验是消

费者相互交流的重要内容。有关传播对消费者态度和行为的研究证实，口碑传播的影响力比媒介广告的影响力高七倍，比人员推销的影响力高四倍。

2. 以品牌故事为载体进行传播

好的品牌故事，能够打动消费者的心，在消费者的心目中留下深刻的印象。品牌故事在消费者之间进行传播，可以达到加快品牌的传播目的。比如汶川地震时，灾区牵动全国人民的时候，王老吉一次捐款上亿元，不仅大大提升了王老吉的销量，更极大地提升了王老吉的形象。

第十八章　品牌的战略切割管理

多品牌战略的管理切割

范秀成等学者研究和介绍过西方企业多品牌战略管理的问题。根据他们及其他专家提供的资料，多品牌战略管理的主要问题有品牌整合、品牌旗帜的树立、品牌合作、多品牌管理体制等。

一、品牌整合

多品牌企业可以获得范围经济的效益，但多品牌的品牌数量（范围）不是越多越好。从理论上讲，当品牌增加产生的边际收益等于边际成本时，多品牌的品牌数量达到最佳。超过这个数量，多品牌的范围就不经济。因此，多品牌数量在增加到一定程度时需要加以控制和调整。这就是所谓的品牌整合。品牌整合（Brands Integrating），是指企业对其多品牌组合进行结构性调整，在此基础上筛除弱势品牌并将它们的产品（或业务）并入强势品牌，以实现企业整个品牌组合范围经济效益的最大化。

20 世纪最后十年，随着并购浪潮的兴起，新产品和新市场的不断产生，西方跨国公司的新品牌不断涌现，企业品牌数量急剧膨胀，出现企业品牌过多的现象。品牌过多造成企业资源分散并影响主打品牌的成长，削弱了企业的竞争力。为此，西方跨国公司对其品牌数量进行了大幅度的削减，并取得一定的成效。例如，宝洁公司在 1991—1994 年取消了约 25% 的品牌，而公司的市场份额却比 5 年前增加了 5%，达到了 35.5%。

二、品牌旗帜

旗帜品牌就是企业的主打品牌，或主力品牌，是指在企业的多品牌组合中层次较高、发挥核心作用、企业重点进行营销投资的品牌。旗帜品牌一般有很高的知名度和良好的形象，延伸能力强，是企业的标志性品牌。旗帜品牌可以是单个或者就是企业名，如英特尔、耐克（Nike）、维珍（Virgin）等公司；也可以是几个，也不一定是企业名，如吉列刀片的旗帜品牌有吉列（Gillette）、Sensor、Gel 和 Series 等，其中，Gillette 是企业名，其他都不是企业名。又如国内消费者熟知的博士文具用品是兰生集团的一个旗帜品牌，也不是企业名，但其在消费者中的名气超过兰生集团。

旗帜品牌有 3 个主要的来源：金牛品牌、明星品牌和新品牌。

（1）吉列公司的 Gillette 是企业名，也是主打品牌之一。Gillette 是一个老的金牛品牌，但吉列公司将其重新定位后变成一个新的品牌。这个重新定位就是从“剃须刀”变为“男人的最佳选择”。老品牌重新定位的成功，使得 Gillette 保住了旗帜品牌的地位。现在 Gillette 已成为一个领导生活方式潮流的国际品牌。

（2）明星品牌容易被树立为旗帜品牌或旗帜品牌的候补，因为明星品牌的知名度较高，处于上升时期，代表公司未来发展的方向。大企业发现和培育明星品牌很重要，许多大企业品牌，要从中发现明星是不容易的。联合利华公司的 Elida 和 Ponds 过去是子公司底下的品牌，后来在整合公司最新研究成果时被发现为明星，并被提升为公司的旗帜品牌。

（3）新品牌除非有突破性表现，否则较难一下子被树立为旗帜品牌。吉列公司的 Sensor 之所以被树立为旗帜品牌，就是依靠技术上的突破。

有学者提出评估旗帜品牌的两个标准：一是被选品牌的市场发展前景以及该品牌在消费者心目中的地位。前者可以通过利润率、市场占有率、市场吸引力等指标加以评估，后者可以通过顾客忠诚度、顾客偏好度等指标加以评估。二是品牌的涵盖性。一般而言，一个好的旗帜品牌要有一定的涵盖性，避免高度定位，提炼出超越品牌所依托的产品的核心利益的价值定位。只有当一个品牌具有广泛的涵盖性时，这个品牌的信息才能更好地被传递，该品牌也才更容易得到扩展和延伸。

三、品牌合作

多品牌中不同品牌之间的合作和配合，可以起到优势互补和互相促进的作用。合作品牌（Cobrands）已经成为西方跨国公司多品牌管理的一个新策略、新趋势。合作品牌有以下4种。

（一）与供应商的品牌合作

如戴尔（Dell）电脑的品牌与其两个供应商品牌英特尔（Intel）和视窗（Windows）合作，一个提供关键硬件，一个提供关键软件。与名牌供应商的品牌合作，可以有效地增强用户对戴尔的有利联想和提升戴尔的形象。反过来，英特尔或视窗也等于利用戴尔电脑及其品牌展示做了品牌广告，也从品牌合作中受益。

（二）与公司的品牌合作

这又分两种：公司的不同层次的品牌合作和公司的同一层次的品牌合作。例如，雀巢公司在许多子品牌前面都加上“Nes”这个字头，如Nescafe（咖啡）、Nestea（茶）和Nesquik（奶昔）等，这就是不同层次即公司子品牌与公司品牌（Nestle）的合作。这样使雀巢在推出众多子品牌时，可以利用雀巢品牌的知名度和良好信誉带动子品牌的销售，同时也强化了雀巢品牌的市场地位。雀巢早已经进入全球10大最有价值的品牌的行列。

（三）与合资伙伴的品牌合作

如三洋科龙、一汽大众、上海贝尔、首钢日电、北京松下、北京飞利浦、广州本田等。这种品牌合作非常普遍，因为品牌也是一种资产，合资行为本身可能就包括品牌合作在内。在中国市场，这种外资背景的合作品牌有很大的吸引力，因为这种合作品牌所明示的内容给消费者许多对品牌或产品的有利联想。

（四）联盟者的品牌合作

如 Taligent 是苹果电脑、IBM 和摩托罗拉结成的一个技术联盟的合作品牌。

四、多品牌管理体制

宝洁公司于 1931 年首创的品牌经理制，是西方企业多品牌管理的标准模式。宝洁的多品牌战略的目的非常清楚，就是使宝洁在各产业中拥有极高的市场占有率，为了实现这一目标，宝洁建立了品牌经理制。

传统上以职能形式的营销使各职能部门都竞相争取预算，而又不对产品的市场负责任。在品牌经理制中，品牌经理只对一个品牌负责，就像一个品牌的“总经理”对各个部门进行协调，保证各部门的行动统一在“战略或消费者价值”之下。

品牌经理制可以大大地提高品牌的竞争力。它使公司各部门都围绕着品牌经理运作，而品牌经理围绕市场运作。这是一种以消费者为核心的市场导向的管理模式。现在，宝洁的浪峰牙膏已营销 30 多年，汰渍洗涤剂 40 多年，佳美香皂 60 多年，而象牙肥皂超过 110 年。

在品牌经理制条件下，公司品牌与产品品牌的关系是：在新产品推出阶段使用公司品牌，一旦获得市场认可就只强调产品品牌，不再把公司名称和品牌混用。

这样一种做法反映了宝洁的基本信念：每一个品牌都是独一无二的，每个品牌必须独立地建立顾客忠诚度。在这种信念下，宝洁的每个品牌都必须有明确的独特的价值定位，每个品牌都必须经过严格的市场测试，这就是为什么宝洁新产品推向市场的速度非常慢，可一旦推出就势不可当。比如在美国市场里，宝洁有 9 种洗衣粉品牌、5 种肥皂品牌、5 种洗发水品牌和 3 种牙膏品牌，每种品牌所针对的消费者价值都不一样。

长期以来，品牌经理制发挥了很大作用，但也存在明显的缺陷：

（1）品牌之间竞争有余而合作不足。由于企业把品牌决策权授予品牌经理，而品牌之间缺乏合作和协调。品牌经理争夺企业资源，品牌业务相互重叠，有悖于范围经济。

（2）品牌经理容易产生不顾公司整体利益的短期行为。

（3）品牌经理制缺乏统一的规划和领导，资源浪费和管理失控。

20 世纪 90 年代以来，西方企业开始探索新的多品牌管理模式，主要动态有：增加品牌经理管理的品牌数量，越来越多的品牌经理管理至少 3 个品牌；企业积极提倡品牌经理之间的合作和信任；建立企业高层次品牌管理机构或团队，通常由一名高级副总裁主管；在品牌经理制的基础上增设品类管理层（Category Management），赋予其利润责任，由品类总经理统一管理同一品类的品牌，这就减少了企业内部各品牌之间的无序竞争。

新的多品牌管理体制的构架由 3 个管理层次组成。

（1）产品品牌管理。由基层产品品牌经理负责，任务是了解顾客对品牌的看法，向企业的生产、研发和营销部门反馈市场信息，并参与产品的研发和技术设计，并在营销部门的配合下，进行所负责品牌的营销。

（2）品类品牌管理。由品类经理负责，任务是协调品类内部各品牌之间的关系，合理分配资源，以及建立与中间商的关系。

（3）企业品牌管理。由企业高层管理负责，建立企业合理的品牌组合和品牌建设的总体规划，管理企业品牌、旗帜品牌和企业形象，发挥它们对基层品牌的指导作用。负责企业品牌管理的高层管理叫首席品牌官或 CBO（Chief Brand Officer）。

品牌危机的战略切割管理

一、品牌危机产生的原因

要正确地进行品牌危机管理，就势必要对危机产生的原因有深刻的认识，分析品牌危机产生的原因。一般来说，危机产生的原因可以从品牌组织的外部与内部来分析。

（一）组织外部的原因

组织外部的原因主要是组织外部的伤害，它包括竞争对手的陷害、媒体的错误报道以及其他来自组织外部与组织直接或间接相关的组织和个人的恶意与非恶意的伤害。

1. 恶意伤害

恶意伤害是指做这些伤害活动的目的是使该组织受到破坏和损失，这种情况多来自竞争对手，也有公众或其他对组织出于报复心理或嫉妒心理进行的诬蔑、陷害，这是每一个品牌组织都应该警惕的。但如果是非竞争对手所造成的恶意伤害，则不能仅仅归结为外部原因，它在很大程度上是由于组织内部的公关工作没有做好所造成的。

2. 非恶意伤害

非恶意伤害是由社会上与组织生存发展本无直接关系的原因通过某种巧合或相似性，祸及组织造成品牌危机的灾难。非恶意伤害可能是无心的过失造成的，比如媒体由于时间的紧迫和知识的局限或不负责导致的错误报道。现在许多品牌都有形象代言人，代言人的一举一动如果不妥，必然使该品牌形象受到负面影响。

3. 由宏观原因所引起的组织外部伤害

该种外部伤害是指由社会不可抗力造成的组织外部伤害，例如国家方针政策的变化、新法律条文的颁布、战争、恐怖主义、劫机等。这些改变与发生不是针对某个品牌或某些品牌的，而是会造成全社会性变动或伤害的，属于社会背景的变化。

4. 自然灾害

组织外部的原因除了组织外部的伤害，还包括自然灾害。这里的自然灾害是一个广义的概念，是指非人为原因造成的品牌危机的总称，既包括地震、台风、火灾、洪水等自然现象带来的狭义的自然灾害，也包括迫于其他自然规律的非人力所能控制的原因造成的伤害，如组织关键人物的突然死亡等。

（二）组织内部的原因

组织内部的原因主要是组织内部的错误，是指组织内部成员造成的对品牌形象、品牌价值的损害，它包括以下几点：

1. 错误决策

错误决策是最可怕的一种错误。它是品牌组织的决策层作出的，权威性很强，并且常常是有关整个组织生存和发展的全局性问题，因而影响范围大、程度深，纠正时往往比较困难。错误的投资、不适当地开发新产品、品牌定位错误、漠视市场变化而故步自封、盲目扩大规模都属于决策性失误。例如1985年可口可乐创始人伍德刚刚去世，新的领导层就改变整个配方，推出新配方的可口可乐，结果遭到消费者的强烈反对，加上老竞争对手百事可乐公司的“趁火打劫”，可口可乐遭遇到极大的危机，其品牌险些被挤出市场。

2. 低水平管理

低水平管理包括机构设置不合理、组织文化败坏、规章制度不健全，执行严格等。低水平管理会导致一系列问题，如组织内部矛盾导致的组织成员对本组织的恶意报复（如纵火、设置计算机病毒、制造流言）；组织内人员贪污腐化挪用公款、制造假账；泄露组织机密、产品秘方、特殊工艺等；生产工具设备长期不检修；高级人才突然离职。

3. 生产性错误

生产性错误是指由产品质量、数量、技术或服务等生产性原因造成的品牌组织内部错误。比如以次充好、以假乱真的弄虚作假行为，故意减少产品数量、不履行服务承诺等。由于品牌的实质是承诺，是品牌组织就其产品特征、利益和服务等对顾客做出的一种保证。正是品牌的这种承诺，才使品牌与消费者联系在一起，品牌组织获得效益。这种关系能否保持，取决于品牌组织是否履行承诺以及履行承诺的程度，如果提供给顾客的产品或服务未能履行或未能全部履行其品牌承诺，那么该品牌的整体形象在消费者心目中就会受到影响，因此生产性错误是产生品牌危机的重要成因之一。

4. 广告公关性错误

广告是一种很好的打造品牌、美化品牌的手段，但广告使用不当会导致毁灭品牌的效果。比如说广告与销售地的文化冲突，广告选择的方式不当等。

二、品牌危机管理切割

品牌危机管理着眼于对已发生危机的管理，力求减少或扭转危机对品牌的冲击和给品牌组织带来的危害。

在危机管理时，危机管理的6F原则十分重要，即Forecast（事先预测）原则，通过对市场环境的分析调查，敏锐地捕捉信息，事先预测品牌的运营是否良好，有没有出现品牌危机的迹象；Fast（迅速反应）原则，一旦危机来临，就要迅速采取行动，积极有效地解决危机；Fact（尊重事实）原则，是以事件发生的客观事实为依据，采取客观、务实、公正的态度解决危机；Face（承担责任）原则，面对危机的来袭，要敢于真诚、坦然地面对，勇于承担因危机引发的各种责任；Frank（坦诚沟通）原则，危机爆发已经是事实，最有效的方法就是采取坦诚、负责任的态度与公众进行沟通，以化解危机；Flexible（灵活变通）原则，根据事态的发展情况灵活掌握危机管理的时机和方法。

品牌危机管理主要采取以下对策：

（一）迅速组成危机管理应变总部

在危机爆发后，最重要的是冷静地辨别危机的性质，有计划、有组织地应对危机。因此，迅速成立危机管理应变总部，担负起协调和指挥工作十分必要。一般讲这类机构应包括以下小组：调查组、联络组、管理组、报道组等。每个小组的职责要划定清楚。一旦危机事件发生，调查组要立即对事件进行详细的调查，并尽快做出初步报告。调查内容包括：危机事件基本情况、所造成的影响、是否已被控制、控制的措施是什么、品牌组织与有关人员应负有的责任等。联络组要马上投入各方面的联络工作，如接待外部人员，考虑要约见何人、需要哪方面力量的协助等，这些工作由联络组统筹安排。如果是灾难性事故，还要及时向事故伤亡人员的家属通报事故处理进展情况。管理组要马上投入抢救、现场保护、死亡人员的善后和伤员的治疗、出现次货时商品的回收和管理、环境污染时的治理工作等。宣传报道组负担组织对外传播工作。一般组建这种以传播信息、报道新闻为主要责任机构由公关部门负责。

当品牌遭遇危机时，应变总部是危机管理的核心机构，公关人员则是决定成败的角色。应变总部应迅速判断是否需要聘请外部公关专家和其他有关专家来协助指导工作。危机管理不是无经验者的训练场，在困难和压力面前，只有专业的、经验丰富的专家才能帮助品牌组织控制住灾难。另外，负责危机公关的人应该是决策成员，至少必须能接近最高领导人。这样公关人员才有可能在进行危机管理时及时、果断，不致贻误时机而造成更大的损失。

（二）迅速启动产品召回制度

由于产品质量问题造成的危机是最常见的危机。一旦出现这类危机，品牌组织要迅速启动产品召回制度，不惜一切代价收回所有在市场上的不合格产品，并利用大众媒体告知社会公众退回这些产品的方法。启动产品召回制度，回收不合格产品表现了品牌对消费者负责任的态度，表明品牌始终以消费者的利益为第一位，为此不惜承担任何损失。这可从心理上打动公众。如果放任不合格产品继续流通，就有可能使危机范围进一步扩大，引起公众和媒体群起而攻之，最终达到不可收拾的地步。

（三）建立积极的、真诚的内外部沟通机制

搞好内部公关，取得内部员工理解。面对各种突发性的品牌危机，品牌组织要处变不惊，沉着冷静，正确把握危机事态的发展，有条不紊地开展危机公关工作。管理好内部关系，避免人心涣散、自顾不暇、各奔前程的局面出现。要迅速组建由首席执行官领导的危机公关小组，小组成员由相关部门人员组成，必要时可以根据情况聘请社会专业公关资源作顾问进行协助，制订出公关方案，统一口径对外公布消息。同时向内部成员通报有关危机真相和管理进展，号召大家团结一致、同舟共济、共渡难关。及时向经销商、供应商及所在社区等利益相关组织或群体通报消息，使他们第一时间得到消息而不是被动地从媒体上接收信息，争取他们的协作和理解，避免一连串的危机连锁反应。努力使组织继续正常的经营工作，使危机公关小组的工作和经营管理人员的工作不受干扰；设立24小时开通的危机管理信息中心，接受媒体和公众的访问。

外部沟通包括消费者和公众公关两个方面。品牌是一种承诺，生存于消费者心中。品牌组织首先要关注消费者利益和感情，当重大责任事故导致消费者和公众利益受损时，要以最快的速度直接和受害者进行坦诚的深层次沟通，尽量满足他们的要求，给予一定的精神和物质补偿。和消费者达成和解会促使危机朝有利于品牌组织的方向发展。

要通过媒体向所有受影响的消费者及公众致以诚挚的歉意，公布管理和改正措施，承担应有的责任，最大限度地争取公众的谅解。即使责任不在品牌组织，也要给消费者以人道主义的关怀，为受害者提供应有的帮助，以免由于消费者的不满使他们的关注点转移到事件之外，致使危机升级。总之，品牌组织要表现出诚恳和对公众负责的态度，才能在公众心目中树立良好的社会形象，甚至抓住契机，把危机转化为宣传自己的机遇。尤其要强调的是，无论哪种危机产生都不能为了短期利益一味地为自己辩解，推脱责任，这只能使品牌丧失信誉，毁坏原有形象。

品牌延伸与关联切割策略

如何让顾客接受采用成名品牌的新产品，并且快速采取购买行为？作者认为关键是要让顾客正确理解新产品与成名品牌之间的关系，从而形成一个合理的新产品期望，把他们对成名品牌的信任和喜爱毫无保留地转移到新产品上来。所以企业应采用如下的品牌延伸策略。

一、关联延伸策略

借助成名品牌在顾客心目中的老产品形象，选择那些与老产品相关联的新产品，使其包装、广告、宣传等尽可能展示出与老产品相关联的做法，让顾客从相关性中快速发现新老产品之间的共性，进而接受采用成名品牌的新产品。这种策略特别适合于那些功能型品牌的产品延伸。因为顾客对成名品牌所推荐产品的个性、质量、用途、功效保留着深刻印象并存在显著的偏爱，所以保持新老产品之间的高度相关性就成为品牌延伸成功与否的关键。实行关联品牌延伸，包括关联产品延伸、相似包装延伸、统一分销延伸、相关广告宣传延伸等具体方法。

（一）关联产品延伸

就是选择那些与老产品在个性、技术、用途、形象等方面具有关联的新产品作为品牌延伸的对象，比如用途相同的产品、伴侣或互补产品、技术先进性与质量水平都很接近的产品、专业用产品、顾客特权类产品等。基本形式是产品线延伸，即对同一产品线中的新增产品项目采用与老产品相同的成名品牌，其效果是逐步把成名品牌变成为家族品牌或统一品牌。

（二）相似包装延伸

就是主张将新产品的包装设计为老产品相似的样式，包括包装造型、图案、颜色以及品牌标签等的相似。包装不仅用于保护产品和方便使用，也有吸引目光、展现品牌、表现个性的作用。采用相似包装的方法，可以让顾客快速地联想到成名品牌的个性和特色，进而对新产品产生好感。

（三）统一分销延伸

就是利用老产品的销售渠道，甚至是新产品和老产品一并展现在零售货架，让顾客在关注老产品时，能够马上注意到采用相同品牌的新产品。

（四）相关广告宣传延伸

是指将采用成名品牌的新产品与老产品放在相同的或者紧密相连的广告宣传节目之中，让顾客有更多的机会了解新老产品之间的相似性或关联性，加快情感和喜爱向新产品的转移。

二、适度分离策略

关联品牌延伸策略只是一种狭义的品牌延伸，仅适合于功能型品牌概念，其策略功效是极其有限的。广义品牌延伸的基本思想是把一个成名品牌应用到多个不同的产品或产品线，让顾客通过同一个品牌认知、移情和喜欢企业的众多产品，不论这些产品是否有相似的个性和特色，也不论它们是否属于同一产品线。这就要品牌延伸突破传统的“一个品牌＝一个特

色 = 一个产品”的观念，致力于将品牌与产品个性适度分离，让顾客在心目中建立起“一个品牌 = 一个信誉：一组产品”的品牌形象。也就是说品牌不再只是产品的标识，代表产品的个性和特色，而是代表着企业信誉和企业对顾客的服务质量。

实现品牌与产品个性适度分离的基本途径是重塑品牌概念，让顾客产生更为丰富的品牌联想。方法之一是改变品牌表达形式，比如建立一个以该品牌名称命名的机构，或者组织一个用该品牌命名的公共关系活动，加上突出品牌信誉的广告诉求，表达企业的善意承诺，并通过该机构的良好的公关宣传，淡化品牌与产品个性的联系，渲染品牌更为丰富的信息内涵，让顾客对品牌产生一种全新的认识。

方法之二是专门为新产品策划和组织广告宣传活动，而不必借助老产品的背景。这一方法适合于在用途、技术、市场与分销渠道等方面与老产品有所不同的新产品。比如 TCL 在推出其不同于原来的电话机、电视机的新产品家用电脑和手机时，就采用了与老产品不同的专门化的促销方式，尽管这些产品都贴有“TCL”品牌。这种做法的好处在于重视了新老产品之间的差异，在个性展示、形象塑造等方面尽可能显示新老产品的不同，这样就可以让顾客意识到同一品牌下的产品可以不同，而且各有特色。

三、多品牌策略

品牌延伸可能有两种失败：一种是顾客不接受采用成名品牌的新产品。另一种是顾客在接受新产品以后不再喜欢和购买老产品或采用该品牌的其他产品。后者亦称为“跷跷板效应”。主要原因是不同产品的技术状况、营销活动以及社会经济背景可能存在差异，使得顾客对采用同一品牌的新老产品产生了不同的认知价值和形象概念。理性的顾客选择认知价值较高的品牌或产品，认知价值较低的品牌和产品必将遭到淘汰。

为防止新老产品的营销效果差异对品牌形象的消极影响，可以在品牌延伸中实行双品牌或多品牌并用策略。通常以成名品牌作为核心品牌，专用于新产品的新品牌为外延品牌。海尔集团在市场上推出的多款产品大都采用了这种策略。以“海尔—神童”为例。外延品牌“神童”传神地表达了“电脑自控、全自动、智慧型”等产品的特点和优势。但消费者对新品牌的认可、信赖乃至决定购买，主要是基于对“海尔”这个核心品牌的信赖。这种“成名品牌”+“专用品牌”的品牌延伸策略，可以说有连带效应。多品牌策略理论认为，在使用成名品牌的同时创造新产品，对于风险管理和新业务发展具有战略意义。多品牌的经营风险比单一品牌的风险要小得多。

后 记

记得在一次全国性的经济论坛上与一位国内知名的经济学家作交流，当聊到营销手段时，这位经济学家说了一番颇有哲理的话：“营销就是江湖，能装下江湖的是大海，能装下大海的是大地，能装下大地的是天空，能装下天空的是人心，决定人心的是思想。”当时，我似有所悟，习惯性地点了点头。后来，在一次培训课时突然想到这句话，顺口就说了出来，有学员问：“老师，这句话说明了什么?”情急之下，我脱口说：“忘却江湖。”台下一片迷茫，我故作镇静地解释道：“营销最高的境界就是‘物我两忘’，你们的营销手段能达到这个境界，你们就成功了。”学员们若有所悟地点点头。那个时候，我才真正理解当时经济学家说的那番话，我似懂非懂的样子，原来营销就是这样简单。后来，通过自身营销实践成功地将一家年销售额不到一千万元的企业，做到三年销售 76 个亿的跨国企业；再后来，又将一家三年从未销售过一分钱产品的企业，九个月做到 2.7 个亿的销售额；再再后来，又将一家企业在两年的时间，以中国传统文化道德为线，通过人性切割、文化切割、产品切割、管理切割、市场切割等手段，奇迹般地做到 260 个亿的销售额。

“营销是江湖，文化是天下，退出江湖，重打天下。”二十年的营销生涯渐次感觉到些许的疲惫，作为“半个文化人”，已然生出退出江湖之念，安身著书立说。始料不及的是“在错误的时间，遇到了正确的人”，三天三夜的促膝长谈，恍然明白这么多年取得的成绩只不过是“入流”而已，根本还没有“入道”。眼前这位奇人一句平实的话：“乐老师，如果我的企业能有您的加盟，我会很幸福!”便将我的“妄”瞬间抚平。他，就是温州首家挂牌试点上市企业主、温州十大年度经济人物、浙江朗诗德电气有限公司、浙江朗诗德饮水设备股份有限公司、温州水之润科技有限公司董事长朱锦成先生。在朱锦成先生的思想影响下，得以将有着“东方犹太人”之称的“温商”经营哲学有机地揉到拙作之中，真好比是“朱笔轻点无需语，锦上添花自然成”。此书，因白天工作繁忙，只能每天晚上下半夜抽出两个小时来总结，实为匆忙，难免有纰漏之处，敬请各家指点，是为谢！代后记！

作　者

2013 年 4 月写于温州